天赋教养
因材施教的秘密

DISCOVER YOUR CHILD'S LEARNING STYLE

【美】玛莉艾玛·佩卢洛·威利斯 （Mariaemma Pelullo-Willis）
【美】维多利亚·金德尔·霍德森 （Victoria Kindle Hodson） 著　郭宁 译

机械工业出版社
CHINA MACHINE PRESS

Discover Your Child's Learning Style, copyright 1999-2017 by Mariaemma Pelullo-Willis and Victoria Kindle Hodson, published in USA by KDP at Amazon.com.

This title is published in China by China Machine Press.This edition is authorized for sale in the Chinese mainland，excluding Hong Kong SAR，Macao SAR and Taiwan. Unauthorized export of this edition is a violation of the Copyright Act. Violation of this Law is subject to Civil and Criminal Penalties.

本书授权机械工业出版社在中国大陆地区（不包括香港、澳门特别行政区及台湾地区）出版与发行。未经许可的出口，视为违反著作权法，将受法律制裁。

北京市版权局著作权合同登记　图字：01 - 2020 - 3776 号。

图书在版编目（CIP）数据

天赋教养：因材施教的秘密 /（美）玛莉艾玛·佩卢洛·威利斯，（美）维多利亚·金德尔·霍德森著；郭宁译 .—北京：机械工业出版社，2020.12（2025.2 重印）
书名原文：Discover your child's learning style
ISBN 978-7-111-67249-4

Ⅰ. ①天… Ⅱ. ①玛… ②维… ③郭… Ⅲ. ①家庭教育—通俗读物 Ⅳ. ① G78-49

中国版本图书馆 CIP 数据核字（2021）第 016332 号

机械工业出版社（北京市百万庄大街 22 号　邮政编码 100037）
策划编辑：高亚威　　责任编辑：高亚威　彭　婕
责任校对：张玉静　　责任印制：孙　炜
北京联兴盛业印刷股份有限公司印刷
2025 年 2 月第 1 版 · 第 5 次印刷
165mm×225mm · 14 印张 · 185 千字
标准书号：ISBN 978-7-111-67249-4
定价：69.00 元

电话服务　　　　　　　网络服务
客服电话：010-88361066　机　工　官　网：www.cmpbook.com
　　　　　010-88379833　机　工　官　博：weibo.com/cmp1952
　　　　　010-68326294　金　书　网：www.golden-book.com
封底无防伪标均为盗版　机工教育服务网：www.cmpedu.com

To all the children who are waiting to be heard.

To all the parents and teachers who are listening.

谨以此书送给所有渴望被倾听的孩子

以及所有正在倾听的父母和老师

中文版序

亲爱的读者朋友：

很高兴认识 Judy（郭宁），她多么渴望帮助中国的父母更好地了解他们的孩子。以她非凡的教育背景和教育工作经验，她洞察到：中国的家长迫切需要工具来识别孩子的优势，并从优势出发构建孩子的成功。她了解了我们近几十年来为美国和世界其他地方的家庭和教育机构提供的个性化学习资源、培训和所做的教育项目。这些正是她想在中国做的事情。2019 年，Judy 来到位于加利福尼亚的"学有所成研究中心"，我们一起探索了如何将我们的理念和方法进行恰当地翻译，以便更好地服务于中国的父母和中国的教育机构。

在家庭群体中，我们在美国工作的根基是父母角色的根本性转变——从父母到家长教练。我们的初心是以不同的方式看待年轻人（孩子），并把我们自己——父母，视为孩子人生学业的导师。除了继续做父母和满足孩子成长中的日常需求，我们还邀请父母成为孩子的教练——认识到并坚信孩子的优势、能力和天赋。而在美国，我们与教育机构合作时，工作重点是赋能教育工作者（我们称之为天赋教养教育工作者），以优势发现者的视角，让个性化教育成为普遍可能，让更多孩子学有所成。

家长教练和天赋教养教育工作者，刻意寻找的是孩子如何能学得好的线索：他喜欢画画吗？他是个健谈的人吗？他对这本书的图画而不是文字更感兴趣吗？他是不是有些坐立不安，想站起来四处走走？家长教练和天赋教养教育工作者，也在刻意寻找激发孩子兴趣并能激发他们灵感的东西：是外太空、体育运动、鲸，还是……？

接下来可能听起来有些矛盾：我们的方法不仅让年轻人能够以最适合他们的方

式深入了解和学习他们所擅长和热爱的事物，也让他们能够在并非他们擅长的领域得到扩展、学习和成长！关于提升学习能力、改善家庭关系，我们要多说几句。

如果你是一位家长，想做更多以便让你的孩子在学习上更有效率，你可以通过鼓励孩子的兴趣和才能，来驱动孩子拓展新的学习领域。你也可以帮助他们发现什么样的学习策略最适合他们。我们知道并不是所有的学生都擅长坐在椅子上伏案工作或阅读。一些好奇的、充满想象力的、需要动手参与或全身肢体参与的学习者，需要更加活跃的学习方式。即便你无力改变学校的教育教学方式，如果你知道了孩子学习的最佳方式，你可以在家中鼓励项目式学习、做实验、玩耍式学习、在家里做小老师展示学习成果。

本书所说的概念不仅仅适用于学校，如果你帮助孩子发现了他们最佳的学习方式，在家庭环境中，认同和尊重家庭各个学习者不同的优势（包括家长和孩子），会带来家庭成员相互之间的理解、尊重和和谐。当孩子们感受到父母对他们优势的支持和信心时，他们会变得越来越主动地培养自己的自信和能力。这种自信和能力"由内而外"生发，而不是"由外向内"。作为成年人，他们也将能够像你指导他们一样，以相同的初心去指导下一代人的生活。

在这本书里，Judy 将介绍我们的方法和实践是如何结合在一起的。她对我们的工作有着天然的理解力，知道如果去实践这本书里的建议，你会更享受与孩子相处，孩子也会更尊重你，更加享受与你在一起。此外，孩子会对学习更感兴趣，会有更多成功的学习经历。世界各地的父母都梦想着亲子关系的融洽和孩子的学有所成。我们希望这本书能带给你全新的认知与方法。

除了 Judy 以外，我们还要借此感谢 Judy 教育专业团队的畅佳丽、郭静、侯兰霞对本书中文改编、校译所做出的贡献，是你们让这本书在中国顺利出版！

玛莉艾玛和维多利亚
2020 年 5 月

引 言

"这个我喜欢,我能做到""在科学课上记笔记很容易""现在上学很有意思"这些只是一小部分来自孩子们的感言(而来自父母和老师的感言则更多),而他们无一例外地使用了你将在本书中看到的学习方法。

孩子与生俱来有着超凡的学习热情和能力。我们希望给身为父母的你提供必要的工具,帮助孩子始终保持学习动机。你可能会认为这并不是你的职责,因为你并不是老师。但是,凭借 50 年与学生打交道的丰富经验,我们深信,父母是孩子一生中最重要的老师。如果说有人拥有影响孩子学习方式的能力,毋庸置疑,那个人就是作为孩子父母的你们。托马斯·A 在《你的孩子是天才》(*Your Child's Natural Genius*)一书中谈到教育研究对孩子学习过程的积极影响,所有研究都指向了一致的结果——父母在孩子教育方面发挥着重要作用。一个又一个真实的案例告诉我们,如果父母深度参与到子女的学习过程中,那么孩子的学习动机和学习成绩都会有显著的提升。斯瓦希里谚语说:"我们最大的与人为善,不是与人分享自己的财富,而是使他们发现自己的财富。"正如多萝西·C.B 所说:"一旦孩子们知道独特性能获得尊重,他们就会更加乐于展现自己的独特之处。"每个孩子都有着独特的学习互动方式。作为父母和老师,我们的工作是发现他们的独特之处并加以培养。

一般来说,学校提供的是单一的课程体系、教学环境和教学方法,想以此满足所有学生的需求。有些学生适应这种结构,有些学生却不能适应,经年累月,诞生了一批"不适应学习"的人群。每一天,我们都在与这种"采用同一模板"的教育体系培养的年轻人和成年人一起工作。在此过程中,我们认识到,帮助孩子们发现真正的自己（发现自己擅长什么以及喜欢做什么）是保持与生俱来的好奇心和学习热情的最重要途径。我们应该停止将注意力集中在孩子不能做什么上，而是应该将注意力放在他们能做什么上。在提高学习成功率方面，孩子们自己的兴趣、才能、期望和目标，要比父母或老师为他们设定的目标更能激发他们的学习动力。

对于这些原则，"学校"已经深谙多年，事实上，这种意识觉醒最早可以追溯到19世纪80年代！作为那个时代的发声者之一，约翰·杜威公开表示，学校应该满足每个孩子的需求，而不是反其道而行。1896年，他在芝加哥大学建立了一所学校，致力于激发并培养每一个孩子的兴趣。教育工作者们注意到了这种模式所取得的成功，而学校管理者们则忽略了其中的深远意义。大卫·G写道："现在坐在教室里的依然是一群被动学习的孩子，依靠死记硬背的方式学习，在严格的纪律规范下，没有人敢表达自己的个人需求。"尽管杜威被誉为"美国现代教育之父"，但我们当前的教育体系并未遵循他的想法实施。

历经百年，很多与此相关的研究者前仆后继，但并未给学校的现状带来多大的变化，即便我们现在对大脑的学习方式、不同风格对学习带来的影响以及最佳的教学方法有了更加深入的了解。众多教育专家，包括霍华德·G、托马斯·A、普里西拉·V和丽塔·D在内都纷纷呼吁尊重孩子个体学习需求的重要性，在大多数情况下，学校并未对此做出任何回应。

我们希望通过本书将这些信息传递给你，并请你为孩子提供个性化关注，帮助他们成长为具有自主意识、求知若渴的学习者。

很高兴向你介绍我们的"天赋教养模型"。凭借多年来在教学和教育领域积累的经验，我们不断对该模型进行研究和完善。来自多方面的因素激励着我们不断研究激发孩子学习动力的新方法。在孩子的教育中，我们每一个人，既作为独立的个体（普通的父母），又作为专业人士。

玛莉艾玛：

我曾在一所面向学习困难学生的学校担任了 11 年的管理者。我的专长是通过测试、诊断和项目设置，"解决"这些儿童的学习困难问题。很快，我意识到，我以往在教师培训和特殊教育课程中学到的知识在实际应用中效果并不明显，于是我开始尝试不同的材料和方法，希望从中找到最有效的方式。与此同时，我从学生们身上学到了许多。孩子们在不同领域表现出的天赋令我非常惊讶。

成立心理咨询室后，我开始潜心研究学习风格。一个偶然的机会，我拜读了迈尔斯-布里格斯（研发 MBTI 的测评心理学家）、戈利、加德纳和阿姆斯特朗等人的著作，并尝试将书中给出的建议应用到实际工作中。我用自己的方法帮助许多学生重拾学习热情，随后我开始以工作坊的形式向家长和老师们传授经验。在其中一期工作坊，我结识了维多利亚。

我和维多利亚都认为需要打造一个儿童、父母和老师都能轻松驾驭和理解的评估系统。我和维多利亚在多个教育领域都有多年的经验，具体包括常规教育、特殊教育、私人补习、家庭学校教育咨询、课程开发、成人教育、家长会以及工作研讨会等。于是，我们想到了开发一种更加完整的学习者画像个性化评估系统，该系统涵盖了学习者画像的五个方面。正是在此背景下，一个 D-TIME 天赋测评（Self-Portrait）的评测体系应运而生。之后，我们对这一体系进行延伸，形成本书所提出的"教育模型"。

过去几十年间，这一评测体系已被上万个家庭（截至 2020 年年底，已涵盖 50 万家庭，获得百万数据）广泛使用。该体系支持如下所述观点：你——也就是父母——在尊重孩子的独特学习者画像方面，扮演着最核心的角色。当你在帮助孩子找到并学会尊重自己的学习优势、兴趣、天赋和需求时，你为他与生俱来的天赋找到了根源。你在帮助孩子发现自己的梦想和目标时，也就是给他插上了追寻梦想和目标的翅膀，使他成为求知若渴、自主的学习者。在这两种情况下，你的努力都会使孩子成为更成功的学习者。

天赋教养模型包括以下三个方面：

① Get on your child's team.

加入孩子的学习团队。

② Do the Assessment.

进行评估。

③ Coach for learning success.

以教练身份引导孩子成为成功的学习者。

本书的第一部分将向你介绍参与孩子活动的想法，并让你做好充分准备来发现孩子的独特学习者画像。在第三部分中，我们将逐步扩展这一概念，你将逐步成为孩子成功学习的教练。而在第二部分，我们将向你介绍 D-TIME 天赋测评的五个组成部分，你可以从中了解帮助孩子成功所需的相关信息。

在这本书中，你将接触到我们的理念：只要做到因材施教，每个孩子都会在自己所擅长的领域有所收获。需要特别说明的是，本书所提及的"孩子"并不包括发育迟缓或脑损伤的儿童。我们深知，这些孩子有着特殊的需求，仅凭改善学习方式无法满足他们的需求。但是，你将会发现，经过一些调整，本书中的概念和原则也将为这些孩子的教育提供帮助。每个人都有天才的一面，正在等待着被发现和挖掘。

维多利亚：

我儿子很聪明而且很有天赋，但是他在公立学校表现平平。学校的个别老师非但没有勉励他去学习，反而让他变得缺乏动力，灰心丧气。因此，我开始探寻学习环境、学习方法和学习材料，希望帮助他在学习上取得进步。努力总算没有白费，到他上初中时，他的学习成绩有了显著提高。他重燃对学习的热情，甚至在高中时被选中参加难度级别较高的英语课程学习，并在芝加哥举行的物理竞赛中获得全国第 11 名的好成绩。随后他成功升入离家 3000 英里、位于纽约布鲁克林的普瑞特艺术学院学习建筑。长大成人后，他依然对学习葆有热情，在从事航空领域工作的同时，他还在滑雪、摄影、家具制作、设计和房屋建造方面培养起多元化的兴趣和才能。

在应对我儿子面临的困难之余，我还曾辅导过一些学习上有困难的儿童，帮助他们更好地进行学习。在根据每个儿童的技能和需求制定具体的目标后，孩子们都表现得非常棒。事实上，我认为这些孩子们根本不存在学习障碍。

后来，我在一所私立学校设立了一间"学习风格实验室"，开始试验各种不同的教学材料、课程和教学方法对学习的影响。我发现，孩子们开始以全然不同的热情积极参与所有的课程：他们积极开展研究项目，并且乐于分享经验和知识。我将"实验室"中获取的经验都收录到这本书里。

本书面向的读者

年轻人（青少年）

D-TIME 天赋测评呼唤年轻人能够为自己发声；我们提出问题，并满怀尊重地倾听他们的反馈。经验告诉我们，只有真正认可孩子们对自己的看法，才能打开他们的兴趣、梦想、希望和激情的宝库，而这些正是促使他们真正学有所得的原动力。如果我们寄希望于年轻人在高中毕业后，也能够具备社会责任感和竞争力，那么等到他们十七八岁时才让他们讨论自己的人生目标、询问他们的想法，鼓励他们基于自身才能和兴趣做出决定等做法是极为不现实和不明智的。

最近，一所大学的招生办主任在一篇文章中写道："填报大学志愿的时候，可能是孩子们的学生生涯中，第一次被人询问'你想去哪所大学？你将来想做什么？'"如果我们在这些高中毕业生的成长过程中就询问这些问题，他们将能够做出更明智的选择。在上学期间，孩子们逐渐需要：

① 了解自身的优势和劣势。

② 制定自己未来的目标。

③ 练习越来越复杂的技能，以帮助他们实现自己的短期和长期目标。

每天要对自己的选择负责，并最终成长为有责任感的、有能力的成年人。

"天赋教养模型"认为，学生具备充足的能力，他们潜力无限。该模型立足于学生的个体差异，学生对学习准备、学习速度以及教学方法的需求不尽相同。对大多数孩子而言，只要老师的教育方式与其学习者画像相匹配，学习各个学科的内容并不成问题。个性化课程可以满足更高的需求,因为学生们对学习的渴求会高涨,学习能力也会不断提升。年轻人基于自己独特的学习者画像来学习,获得的成就越大,他们应对学习和生活方面的能力就越强。我们接触过的来自成千上万家庭的成功经验都有效地证明了这一点。

父母

这本书本质上是一本育儿书,但又并非通常意义上的育儿书。我们鼓励你为孩子的教育负责,承担起孩子最重要的老师的工作,担任促使孩子成功学习的教练!

无论你的孩子选择的是传统学校还是非传统学校或是在家读书,本书提供的学习者画像信息都将帮助你更密切地参与到孩子的学习过程当中,改变其学习态度和行为,并鼓励其学习。为此,你需要与孩子建立牢固、彼此支持与滋养的合作关系。除了 D-TIME 天赋测评之外,我们还为你提供系统的育儿技巧,这些技巧已经使成千上万的父母受益。

我们不断强调重视孩子独特学习需求的重要性。你可能会认为我们倡导的是一种完全以孩子为导向的学习方法,但事实并非如此。我们建议你在平衡个人需求、家庭需求和孩子的独特学习需求时,谨记自己的基本信念、价值观和家庭规则。

本书介绍的"天赋教养模型"适用于所有年龄段,从学龄前到成人均囊括在内。如果你的孩子刚开始上学,你可以选择从一开始就实践这个模型。如果你的孩子已经长大,你仍然可以利用相关信息来夯实其成功学习的效果。实践这些原则永远不会太迟。

老师

这本书会在很大程度上解决老师长期以来的教学困惑,在学校教育中尝试根据学习者画像进行针对性教学,而不是单一地按照成绩将学生分为高中低等。

通过"天赋教养模型"的学习,你可以做出教学任务和方式的调整,根据学习者画像的分组能够让学生在面对同一种作业项目时,根据擅长的风格完成知识输出,进而达到知识最大程度的内化。在这一过程中,每一种学习类型的孩子都将受到鼓励,激发他们真正自主学习的热情,并且把学习结果反馈到课堂中,从而促进教师的知识传授动力。

尽管大多数学校依然遵循着传统教学模式,教师依然可以通过"天赋教养模型"的认知,为学校教育开辟新的路径;虽然部分崇尚现代教育理念的学校,已经开始"因材施教"模式的探索,但是现实中依然存在着缺乏科学理论支撑的困境,而 D-TIME 天赋测评,将会让"因材施教"真正惠及更多的学生和学习者。

如何使用本书

我们建议你按顺序阅读本书,并按照书中的介绍开展练习和活动。在系统读完这本书后,你可以根据需要复习个别章节。

我们真诚地希望这本书可以成为孩子各个学习阶段的指导用书。

我们希望本书能给予你知识、灵感和勇气,让你充分参与到孩子的学校及家庭教育中。我们已经通过孩子的父母和老师,帮助了许多孩子,让他们成功迈向自我激励和自信满满的求学之路。我们很高兴融入你们的家庭学习之旅。通过这一过程,你将释放孩子的潜力,让他们成为求知若渴、自主和成功的学习者!

当你阅读本书时,请牢记两个问题:

① What is a successful learner?

何为成功的学习者?

② How can I help my child become a successful learner?

我如何才能帮助孩子成为成功的学习者?

请在头脑中带着"何为成功的学习者"以及"我们如何才能帮助孩子成为成功的学习者"这两个问题,开始进行 D-TIME 天赋测评。

(注:本书提及的书刊中,未出版中文版本的,书中提供了英文原名,便于读者查找)

目　　录

中文版序

引言

本书面向的读者

如何使用本书

第一部分　加入孩子的学习团队

第一章　成功培养每一个孩子 ……………………………………………… 003

第二章　测评前的心理建设——CARES 模型 ……………………………… 008

第二部分　进行评估

第三章　评估：开始 ………………………………………………………… 026

第四章　性格：世界看待我们的方式 ……………………………………… 030
　　第一节　表演型性格：动 …………………………………………… 037
　　第二节　生产型性格：组织 ………………………………………… 043
　　第三节　发明型性格：发现 ………………………………………… 049
　　第四节　关系 / 激励型性格：互动 ………………………………… 055
　　第五节　思考 / 创造型性格：创造 ………………………………… 060

第五章　天赋：我们与生俱来的礼物 ……………………………………… 066

第六章　兴趣：很容易被忽视 ……………………………………………… 085

第七章	学习风格：不单单指听觉学习型、视觉学习型、动/触觉学习型............ 091
第八章	环境：不仅仅是一张桌子和四面墙壁 104
第九章	融会贯通 118
第十章	后续活动 131

第三部分　成功者教练

第十一章	FITT 教练法则 141
第十二章	如何应对学习障碍 155
第十三章	如何与孩子的老师沟通 174
第十四章	面向现实世界的教育 181

结语：最后的一些想法 191

致谢 192

附录 195

　　附录 1　D-TIME 天赋观察表（3~8 岁儿童的父母/教师观察版）................ 195
　　附录 2　D-TIME 天赋观察表（9 岁~成人版）.. 199
　　附录 3　职业预测表 203
　　附录 4　计划表 205

专家推荐 206

第一部分

加入孩子的学习团队

第一部分分为两章,在第一章中,我们将带你认识传统学校教育模式和"天赋教养模型"之间的区别,进而认识到"天赋教养模型"可以为每个孩子带来真正的成功。第二章则讨论了如何关心和培养一个努力学习的孩子,并向你介绍组建学习团队的策略。

发现和培养学生成为自主、求知若渴的学习者需要因材施教。遗憾的是,大多数学校根本没有充足的时间或师资对孩子因材施教。因此,如果你希望自己的孩子得到个性化的教育,你必须将这一责任接管过来,参与到孩子的学习活动中。了解孩子的学习者画像将为孩子终身学习奠定基础。学习本书中的内容,你将具备这样的能力:培养孩子的天赋,调动孩子与生俱来的求知欲,学会评估孩子的学习者画像,找到与孩子互动的最佳方式,从而使孩子在学校和家庭里均能获得绝佳的学习体验。

作为一名教师,我始终对于让学生们更多地参与到学习过程中、点燃他们的求知欲望寄予希望,我尽力协助学生以全新的角度看待熟悉的事物。我最大的愿望是,教过的每一个学生都能成为具有自主意识的终身学习者。

虽然有些学生似乎天生具有上进心,然而大多数的孩子需要激发潜能和正确引导,很多父母和老师感觉到缺乏方向和方法。我发现如果能有一个良好的开端,那么所有的孩子都能成为自主学习者,而良好的开端始于家庭教育。

第一章

成功培养每一个孩子

马西的故事

马西再一次目不转睛地盯着桌上的作业，试图读懂题目的意思，但徒劳无功，她不由得叹了一口气。妈妈非常生气，厉声要求她再认真读一遍。但是，读再多遍也没有用。最终，妈妈不得不像往常一样，为马西一道一道解释题意。每天晚上的做作业时间对马西来说无异于一场酷刑，并且最后都以爆发一场与妈妈的争吵而告终。

后来，马西接受了 D-TIME 天赋测评的测试，结果显示，她是一名语言听觉风格的学习者。也就是说，她需要大声朗读题目，才能理解题意。我们建议她在做作业时大声朗读三到四遍题目要求。慢慢地，她能够很好地理解题意，在没有任何帮助的情况下独立完成大部分作业。她开始重拾对学习的信心。

吉姆的故事

吉姆记不住数学公式。他的父母尝试过教学卡片、计时练习等工具或方法，也尝试过设置奖励和取消原本享受的特权等方式，但都无济于事。吉姆感到痛苦不堪。每周五的数学测验都使他头痛欲裂，胃也异常不舒服。他的其他科目成绩也开始下滑。

吉姆的 D-TIME 天赋测评结果显示，他属于表演型性格特质，在需要身体协调的运动领域很有天赋。于是，我们建议他在拍球或者跳蹦床时背诵数学公式。这种方法满足了吉姆通过运动进行学习的需求，渐渐地，他能够背诵越来越多的数学公式，学习成绩也开始提升。

每一个儿童和成年人，都有自己独特的学习方式。人生而不同这一观点并不新鲜。古希腊人就曾发明了一种体系，根据每个人身体中化学物质的分泌情况，将人划分为四种类型或性格，用来评估人的性情、心理素质和个人能力。自古以来，人们便对这些差异给人带来的影响兴趣盎然。随着时间的推移，越来越多证据表明，这些基础性差异或风格，不仅影响着我们的行为，而且极大影响着我们的学习方式。

近年来，在研究人员和教育学家的努力下，学校已经开始注意到个人风格的重要性。"性情""学习风格""多感官""情商"和"多元智力"等术语正在被越来越多的家长和教师所熟悉，越来越多的人开始探讨学习风格在教育成长领域所起到的重要作用。例如，督导与课程开发协会（Association for Supervision and Curriculum Development）主办的、以教师为受众群体的知名期刊——《教育领导力》（*Educational Leadership*），经常刊登以学习风格为主题的文章，甚至整期围绕这一主题展开。越来越多的教育学家认识到，独特的学习需求是常态，而非特例。研究人员强烈建议人们关注学习风格，教育学家也在大声呼吁关注学习风格的益处，美国各地正在如火如荼地举办以学习风格为主题的教师培训项目和教育研讨会。

表彰大会

终于挨到学期最后一天！惬意的假期生活即将到来：游泳、露营、睡懒觉、与三五个朋友畅玩……

学期最后一天让人感到兴奋不已的当然还有：顺利结束一学期学习任务的成就感、班级聚会以及表彰大会。表彰大会当天，学生和家长们会满怀期待地步入礼堂，见证班级每个孩子在过去一学期中因勤奋努力和优异成绩而获得的表彰。

过去我多次听说有所学校非常重视学生的学习风格和个体特点，因此我特意对此实地考察，了解学生们是如何受到鼓励和激励，从而对学习过程充满热情，对自己的学生身份充满信心。我想亲眼看到，一所出色的学校是如何激发出学生对学习的渴望。

我挤在一群父母和老师当中，激动地等待着表彰大会开始。表彰活动从低年级学生开始，一名一年级老师拿起麦克风，开始对学生的表现进行点评。他提到，一年级每一个班都有几个孩子表现得特别优异，他们将来会成为董事长、首席执行官、领导者，会成就一番伟大事业，从事有价值、有意义的工作，并为社会带来积极影响。接着他向班上四名同学颁发了荣誉证书，显然只有这四名同学符合他刚刚的描述。

这一幕令我哑口无言，这并不是我想象中的激励，到底发生了什么？一种不舒服的感觉涌上心头。整个班上只有四名六七岁的孩子长大后会有出息，这是真的吗？即便这是真的，谁又能准确预测到底是哪四名学生？这样的预测到底有何依据？而且，更重要的是，为什么只有四名学生？

我清醒地意识到，在这样一个时刻，礼堂中就座的父母们可能根本没有想到这些问题。

表彰大会传递的信息是否真的适用于"现实世界"？每个班真的只有少数几名聪明的学生长大以后有出息吗？其他孩子呢？他们真的不聪明吗？他们在长大以后功成名就的机会有多少？他们在看到这样的表彰之后是否能够进行正确的自我评价？

带着这些疑问，让我们先来了解学校的评价体系。

1733年，数学家棣莫弗发现了所谓的"钟形曲线"，即正态分布曲线。在衡量自然界或一般人群中的某些数据，并将衡量结果绘制成图形时，图形会呈现出钟形分布。

钟形曲线出现在了儿童的标准化测试报告表格上，被称为"正态"曲线。人们开始使用钟形曲线来生成"中等以下""中等"和"中等以上"的标签。

一本统计学教材对钟形曲线的描述如下："许多心理和生物测量结果的分布都呈'正态'。诸如成年男性的胳膊长度、学生的智力测试分数、小鼠在迷宫试验中出现的错误，以及统计学课程的成绩等各种特征都符合'正态分布'。"

我们认为，即使学校采用钟形曲线的方式，也应该采用基于学生学习能力的方式来划分，这样将更有利于提升学习者的动力。

大自然中许多事物的测量数据都会形成钟形曲线，学生的音乐才能、艺术才能或者其他任何才能的衡量结果也应该能够形成钟形曲线。

既然我们执着地认为测试对于评估一个人的知识和能力是非常必要的，那么为什么不衡量天才儿童或者"聪明"学生的所有方面，从而获得他们的更多钟形曲线呢？换言之，如果对拼写能力进行评估，我的得分会是"中等以上"，而我丈夫的得分会是"中等以下"；但是如果对机械推理和视觉能力进行评估，我丈夫的得分会是"中等以上"，而我的得分很可能垫底。也就是说，采用多维度的评价体系，每个孩子特有的天赋都将得到认可，所有人都将体验到处于钟形曲线顶端的感觉。

天赋教养模型

天赋教养模型关注人们天赋的各个方面。每个孩子都被认为具有天赋和才智。此外，天赋教养模型也改变了我们定义和评估成绩的方式。丽塔·D曾就学习风格进行过一项调查，他表示："学习风格并无优劣。由于每一种学习风格所囊括的智力范围都是相似的，所以学生不会被打上任何一种学习风格类型的标签或烙印。大多数孩子都能掌握相同的内容，但具体的掌握方式取决于他们个人的学习风格"。我们需要认识到，孩子们不可能都以相同的方式和相同的速度学习。

本书提出的天赋教养模型强调关注每个孩子的独特学习需求。相较于给孩子贴上诸如注意缺陷障碍（ADD）、阅读障碍、学习障碍、多动症、反应迟钝、中等、中等以下、中等以上、有天赋、厌学、破坏纪律等标签并试图"纠正"或"引导"孩子，天赋教养模型则更加注重孩子的天赋和能力，它鼓励家长和老师真正做到因材施教，找出每个孩子热爱的事物；它教会孩子如何通过天赋教养模型在各种情境中提升学习效率。

天赋教养中的 D-TIME 天赋测评旨在帮助你发现孩子独特的学习方式，并促进天赋教养模型的应用。根据 D-TIME 天赋测评获得的学习报告，形成了个人独特的学习者画像。把握孩子的学习者画像，真正了解你的孩子，亲子关系将更加融洽。当你根据孩子的实际需求，应用本书给出的建议和方法时，你会发现（自己和孩子的）"问题"在减少，学习的乐趣也在不断增加！

通过本书，你将学到认可并尊重孩子特质的不同策略；你的孩子将学到充分释放学习潜力的多种方式，这终将帮助孩子成为一个自主、求知若渴的学习者。

天赋教养模型旨在帮助每个孩子都体验到学习的乐趣！在接下来的学习中，你将了解到五项基本原则，帮助你成长为孩子的重要教育者，并加入孩子的"学习团队"。

第二章

测评前的心理建设——CARES 模型

D-TIME 天赋测评描述了孩子们的思考方式、与孩子的互动方式，这些方式不仅有利于孩子在学业上取得成功，同时也被视为获得成功人生的根基。正如阿瑟·C 所说："一个人的成功，同情心、合作、解决问题能力、创造力、沟通能力以及内在责任感的培养都是至关重要的。"

本章提出了 CARES 模型，五个字母恰好与英文"在意"（cares）的字母组成一致。这个模型包含五个基本原则，这些原则将有助于你加入孩子的学习团队，并为你实施 D-TIME 天赋测评做好准备。

这五个基本原则分别为：

- **C** elebrate your child's uniqueness,
  赞美孩子的独特性；
- **A** ccept your role as a teacher,
  接受父母作为孩子老师的角色；
- **R** espond rather than react,
  主动回应而不是被动反应；
- **E** xpand your view of where learning takes place,
  扩展自己对学习环境的理解；
- **S** top blindly supporting bell curve evaluations and definitions of your child.

不再盲目使用正态分布对孩子进行单一维度的评估，停止对孩子妄下结论。

上述每一项原则都是成为学习团队正式成员所必须遵守的，可以为孩子提供指导、支持和鼓励，并为孩子学有所成打下基础。请花时间阅读后面的内容并完成相关"活动"。如果一开始你对某些概念比较陌生，请试着保持开放的心态继续阅读，读完这本书后再回顾你之前的看法。

> Active caring is the sign of love.
> 积极关怀是爱的表现。

如果只说不做，那么再多的"我爱你"对于孩子而言也是苍白无力的。在谈到孩子学有所成时，什么才是爱的行为？我的学生和他们的家人教会了我很多关于确保孩子学有所成的方法。

简而言之，如果让孩子们感受到身边有人真心在意他们，并且是以上面提到的五个基本原则描述的方式在意着他们，那么学有所成自然指日可待。

C——赞美与批评

真诚地赞美你的孩子。不要因为自己的孩子成不了"别人家的孩子"而感到遗憾。不要气馁，当你愿意赞美孩子的技能、他所取得的成就以及他的独特之处时，你的孩子也会是最棒的。如果你不这样做，孩子自己也无法做到。每一个孩子，自婴幼儿时期，性格和技能就各有不同，他们生而对周围环境的安静程度、所处环境的温度、睡眠、食物等因素都有不同需求。

这些差异是构成孩子与众不同的标志。作为新手父母，我们都会热切地赞美孩子们表现出来的一些鲜明特征。比如，杰西有一副好嗓子，我想她可能会成为一名歌手；玛德琳拼积木时非常有创意，如果她以后成为一名建筑师或木匠，我一点儿都不会感到吃惊；看看拉尔夫照顾其他孩子的方式，他以后肯定会是一位好爸爸。成年人相信"三岁看大，七岁看老"，我们认为，在一定程度上，这些迹象也确实存在。

进入学龄期，学校会安排孩子们坐在同样大小的课桌前，坐在同样大小的椅子上，排成一排，尽管老师们满怀热忱地培养每个孩子，但他们的许多方法，如表扬、责备和评分，都是为了让每个学生都"遵守相同的规则"。

为什么我们不再赞美和鼓励孩子们展现自己的独特性、差异、偏好和个人需求？学校的管理人员告诉我，基于教学环境、课程内容和教学任务考虑，在现实中个性化教育可操作性非常低。

当孩子们读完一年级的时候，大多数家长已经接受了学校的教育模式，规则意识和成绩是很多学校非常看重的两点。这些学校对背诵知识点、参加考试和取得好分数的过度追求已经让调查、思考、发现、玩耍和提问这些美好的素质发展每况愈下。因此，为了让你的孩子保持学习动力，请你赞美他对未知的探索行为，赞美他玩耍、发现和提问的举动，赞美他的技能、兴趣、优点和独特之处吧。那些自我得到认同的孩子不会诉诸暴力和犯罪，长大后也不会拉帮结派。

ACTIVITY
活动

请花些时间列出孩子的12项技能、优点和独特的品质。尽量选择与学校知识无关的技能、优点和品质。

A——接受与回避

不管你认为自己是否有能力帮助孩子成为自主学习者，要接受这样一个重要事实：你是对孩子生活影响最大的人。

通常来说，对于"广义的人生"这一课，家庭影响远大于学校影响。确切地说，你是孩子最重要的老师。家长们往往认为自己没有接受过专业的培训，从而拒绝在教育孩子方面扮演积极的角色。美国的家校运动有力地说明了"未经培训"的家长实际上也能够有所作为。如今，信息、课程内容和灵感来源等渠道比以往任何时代都丰富多样，而这些都能够帮助你以建设性的方式影响孩子的教育。在美国各地，书籍、工作坊、课程、简报、教育顾问、教育用品商店、互联网和相关教育程序等方面的资源也变得触手可及。

多年来，我一直认为学校老师是孩子学有所成的首要影响因素。而现在，我不再这样认为。对孩子来说，老师是通往新思维方式或更好生活方式的桥梁，老师能够提供激发孩子学习兴趣的内容、练习和实践的机会等。然而不可忽视的事实是，无论老师在学校创造了何种环境或采取何种态度，无论是积极的还是消极的，孩子在他 9 年、12 年、16 年或更长的求学生涯中，绝大多数时间是在家庭中。在这段时间里，父母、家人呈现的态度和行为会对孩子日后的成就产生极大的影响。一个好消息是：时间——站在你这边，也就是说你还有很多时间影响孩子在上学过程中的负面情绪，或者使已经形成的良好的学习状态变得越来越好。

树立行为榜样

家长是孩子在世界上第一个行为榜样。孩子开始上学后，他将沿袭在家长那里学到的东西。早在 20 世纪 60 年代，就有研究指出，树立榜样是我们必须利用的非常强大的教育工具之一。

丹尼尔·G 在《情商》一书、阿尔菲·K 在《管教之外》(*Beyond Discipline*)一书中都指出，我们的行为会对孩子的行为表现产生巨大影响。正如古话所说：如果父母总是批评孩子，孩子便习惯批评他人；如果父母宽容豁达，孩子也自会宽以待人；如果父母总是习惯责怪，孩子也便习惯责备；如果父母积极乐观，孩子也会积极乐观；如果父母向孩子灌注的是能力感和胜任感，孩子就会把这些感觉和态度反映到学习中。

ACTIVITY
活动

① 你选择将哪种态度传达给孩子，请写下来。
② 你正在采取什么举措来传达这些态度，请写下来。

R——主动回应与被动反应

你是主动回应型父母还是被动反应型父母，这会对孩子在学校环境下的态度和行为产生重大影响。

主动回应型父母会倾听并认可孩子的感受、需求和对事物的看法。他们会在适当的时候尝试跟随孩子的节奏。而被动反应型父母在与孩子互动过程中往往会采用威胁、比较、贴消极标签、责备和惩罚等方式，这些父母受自身情绪影响，阻碍了其认真思考进而采取行动的能力。

D-TIME 天赋测评是孩子对自身看法的结果呈现。而这些信息是我们在繁忙的日常生活中极少有机会从孩子那里获得的，如果你趁着在晚餐时，或者在给朋友打电话的间隙，尝试对孩子说，"嘿，最近怎么样？"他会说，"还行"。你又问，"今天在学校学了什么？"他会说，"没学什么"，至此，谈话戛然而止。

D-TIME 天赋测评中提供了很多的优质信息，这些信息将使你能够更好地和孩子谈论他们的自身优势。此外，也会使你能够认可和接受他们所面临的挑战和自身的缺点。如果你能采用恰当的方式与孩子讨论评估结果，测评信息也将有效地作用于孩子的学业，进而产生重大影响。当你开始使用天赋教养模型与孩子沟通时，需要采用以下几种沟通原则，分别是：倾听、认可、等待和跟随。

倾听

倾听孩子的观点和看法能够获得信任，而信任是有效推进天赋教养模式的基础。在你的孩子接受测评后，你将获得与你之前看待孩子的方式截然不同的新信息。你可能会感到些许诧异，认为孩子可能是因为没有正确地填写评估问卷。需要明确的是，在天赋教养模型中，接受孩子的真实回答至关重要。孩子的回答是极其宝贵的信息，有利于他们重获学习动力，或者帮助他们在学习方面有所提高。测评目的在于帮助你和孩子展开一场关于孩子的优势、学习目标和学习需求的讨论。

孩子的回应影响着整场讨论，请认真倾听他们。

父母和老师总是对孩子进行主观假设和判断，主观为孩子制订未来计划。他们往往在不了解孩子的真实状况时，就对他们抱有具体的期望。很多时候，大人们并没有询问孩子对自己的期望和要求，也不关心他们的学习关注点和需求。长此以往，可以想象那些总是被告知如何行事、无法抒发自我的人应该会更加困惑。如果成年人选择在儿童早期学习时便倾听他们的学习需求，又会有什么样的不同？

倾听，以及由此产生的信任，将鼓励孩子们敞开心扉，畅所欲言。年轻人不愿意和父母交流的一个主要原因，是他们不知道父母会怎么处理这些信息。他们担心透露太多，会让自己惹上麻烦。当他们知道父母真的对自己的想法感兴趣，而且能容忍自己的行为或判断失误时，他们会变得愿意主动分享。这十年来，每当我和孩子们谈论他们的 D-TIME 天赋测评结果，并与自己的儿子交流时，我都深刻体会到了这一点。

认可

如前所述，成年人习惯于对年轻人做假设、给判断、出建议和提要求。而作为一种防御，许多年轻人在很小的时候便学会了如何将父母拒之门外。这可能是你和孩子在实施天赋教养模型前所面临的困境。

倾听只是改善沟通的第一步，第二步就是要充分认可孩子在评估中输出的信息，哪怕你对测评结论并不认同。

对于你的孩子来说，你的认可意味着你听到了他们的心声。当然，认可他们并不代表同意他们的想法。你可以对他们说，"我明白，你告诉我的事情对你来说非常重要"，或者"我之前没有意识到那对你来说如此重要"，或者"我想知道什么对你来说是重要的"。亨利·J写道："被理解是人类灵魂最深处的渴望。"大多数孩子每天晚上睡觉的时候都希望有人能听懂自己。那些更习惯于被说教、建议而不被认可的孩子，可能不知道当你认可他们时，他们该回应些什么。那么，是时候讨论改善沟通的第三步了。

等待

当你对孩子表达认可之后，请耐心等待孩子开口交谈。你可能以为等待时间够长了，但相信我，根据我个人的经验，成年人往往不知道他们需要等待多久，才能等来孩子愿意开口交谈的机会。

一旦孩子意识到你真的想知道他想表达什么，而并非是在说教前短暂停顿，他会尽情吐露心声。我很想说的是，我确信他们一定会开口，迄今为止，我还没有遇到不愿意和我长谈的孩子。尽管我并非是这些孩子的父母，但是，从我自己孩子身上得出的经验来看，这个方法同样适用于其他父母！

当你开始倾听他们时，他们也会开始倾听你。试着倾听和认可孩子是建立相互尊重的基础，而你的孩子也在这个过程中学会了如何倾听和认可你以及他人。

如果你习惯主导孩子的各项活动，那么起初，你可能认为倾听和认可孩子并不会起多大作用。但无论如何，请务必试一试。

在你尝试倾听、认可和等待的过程中，你可能发现孩子比以前更愿意分享他们在学校的经历，这会让他们感受到一种前所未有的快乐。

跟随

给孩子创造探索和发现自我的机会是一种更为微妙的倾听和认可。你选择跟随他们想法或行为的次数越多，效果就会越好。

托马斯·阿姆斯特朗认为：

在孩子们自由玩耍时，如果没有大人在旁监督，效果往往最好。通常来说，只有当他们自己决定学什么、如何学时，他们的学习动力和成就才会飙升。父母需要意识到，倾听孩子的心声，尊重孩子的生活，允许他们自由地探索新的想法和课题，就是对孩子最好的帮助。

我想起了自己教过的一个小孩子的故事，这个故事能够说明跟随孩子的想法是如何发挥作用的。

一天，四岁半的马蒂正在玩一个大碗，里面装着约三分之一的小米。碗里有一个装番茄酱的小玻璃瓶（没有盖子），一个小金属漏斗，一个小量杯和一个塑料勺。起初，马蒂问了我很多问题。"这是什么东西？""能吃吗？""这是什么？"他一边问一边把食指伸进漏斗狭窄的一端。然后，他开始将漏斗当作勺子，往瓶子里装小米。他用一个手指堵住漏斗底部的小洞，将漏斗敞口一端装满，然后将勺子放在装番茄酱的瓶子的窄口上，灵巧地将手指从漏斗窄的一端移开，迅速将漏斗的颈部塞到瓶口，看着瓶子里装满小米，漏斗被倒空，他非常开心。他重复同样的动作很多次，丝毫不受干扰，手指的摆放方式和动作的快慢逐渐改进，非常精确！

小马蒂宛如实验室里的一位科学家。我坐在他旁边，想着他是否会发现以及何时会发现漏斗的工作原理。看到他兴冲冲的样子，我不由得想起玛丽亚·蒙台梭利的话：不要破坏（孩子）发现的时刻。我决定不告诉他该怎么做。

过了一会儿，他把漏斗放在一边。他试着用塑料勺把瓶子灌满，这没有令他感到满意。我猜应该是速度太慢了。他拿起量杯，开始用它来舀谷粒，往瓶子里装，谷粒边装边往外溢，直到倒出的谷粒和装进去的变得一样多。他对此感到很高兴，不停地往瓶子里倒谷粒，只为了看到这些小颗粒如瀑布般飞落和弹跳。他轻轻笑了起来，然后咧着嘴大笑。他告诉我他想要一个装满小米的浴缸。

一会他仿佛想起了什么，又变得安静而严肃起来。

我没有说话，他看了自己的工具几秒钟，伸手去拿漏斗，又犹豫了一秒钟，把它塞进瓶子里，开始用量杯舀小米往漏斗里面倒。我内心的某种东西跳了起来，目睹了这其中展现出的智慧，我不禁兴奋地笑起来。他用一种新的方式将瓶子装满，显然他最喜欢这种方式。他全神贯注于正在做的事，任何想表扬他的举动都会打破这一令人惊喜的时刻，所以我选择保持沉默。又用了几次漏斗后，他不再摆弄瓶子、漏斗和量杯，而是接着用小米进行其他的探索。

如果我一开始便给马蒂已经插上漏斗的瓶子，结果会怎样呢？如果我一开始便向他展示如何"正确"使用漏斗，结果又会是什么样子呢？或者如果我一开始就告诉他接下来他应该做些什么，结果又会是什么样子呢？

我们能够给孩子最重要的礼物是允许他们以自己的方式、通过自己思考、以自己的节奏进行学习。

马蒂玩耍的时候很少说话，但他很清楚地知道自己应该做些什么。我所做的只是跟随他的脚步，而不是试图去引导他。当然，不同的孩子有不同的节奏。一些孩子可能更健谈，一些孩子可能缺乏耐心，而一些孩子发掘事物的速度可能更慢一些。重要的是，你需要信任孩子，使他们能够专注于当下展开的学习活动。

那些被贴上注意缺陷障碍（ADD）和注意缺陷多动障碍（ADHD）标签的孩子的行为，可能是在学龄前、在他们试图专注于某项活动时受到了过多干预或干扰而导致的。在探索的早期阶段，孩子专注于某项活动看似是一种"精神恍惚"的状态。孩子会全神贯注，因为他正在深入学习，进行微妙的计算，这将增加之后尝试的成功率。当孩子自发地发现日常事物的秘密时，往往会从中获得巨大的快乐。孩子总是在不断进入新的人生阶段，有无数的机会让他们占据主动，享受徐徐展开的学习过程。

ACTIVITY
活动

写下你在与孩子交流的过程中想采取的两种不同沟通方式，以使得孩子变得更加积极主动。

E——扩展与排除

请宽泛地理解学习及学习环境的含义。孩子只要醒着便会学习，学习不仅发生在上午 9 点到下午 3 点的上学时间段。也就是说，孩子在家也可以学习并进行学习习惯的培养。如果将家庭排除在学习环境之外，就意味着孩子将失去 50% 或更多的学习机会，大人也会忽视由此产生的影响。

如果你能够在家庭教育中按照孩子的性格、天赋、兴趣、学习风格和环境的需求辅助他学习，并向孩子表明，即便学校并未认可他们，但他们的想法、最佳学习方式、对集体的贡献以及学习需求等都至关重要。你要向孩子表明，不管学校是否认可他们，也不管学校老师偏好如何，他们都能拥有独立于学校的、充满活力的人生。让孩子在学校以外的生活中培养起自信，这种自信反过来也会对孩子在学校的学习产生影响。

如果把周一至周五上学前、课后及周末时间都算上，孩子每周在家学习能达到多长时间？

每天 __ 小时 × 5 =

每周末小时数 =

每周总计小时数 =

总小时数表明你可以影响孩子的时间。影响方面包括孩子的学习认知、学习兴趣以及学习意愿。

设置家庭学习时间的目的并非仅仅是为了寻求更有效的做作业之法，家庭教育可以囊括多个方面：比如你可以利用这段时间和孩子讨论当地或全国性的话题、一起玩玩游戏、学习烹饪、看看电影、分享观后感、做脑筋急转弯或填字游戏，或者一起读一个喜欢的故事等。

你可以从孩子的兴趣、天赋及性格测评中找到合理利用家庭教育时间的点子。你也可以邀请孩子做一些你感兴趣的事情，这样做有利于开拓孩子的视野，培养孩子勇于尝试新事物的能力。

把与孩子的共度时光设计得积极有趣、时间不必过长，如此一来，你不仅会更加享受这段时光，而且还可以在这个时间段去培养孩子的一些有价值的技能。

请记住，亲子时光将是你为孩子打造的一个全新的、更积极的、更个性化的、非传统的学习机会。在这段时间里，因为没有学业压力，孩子可以习得很多技能：例如，提出自己的观点、学会轮流做事、学习分解任务、遵循口头指令、提出论据支持自己的观点、学会朗读、学习组织安排某件事情等。所有这些在家学习的技能未来都可以适用于在校的学习，并且为孩子在任何教育环境中的学习都做好铺垫。我们的孩子在这种非传统教室环境中收获的技能和本领远超我们想象，而你需要做的，就是和孩子一起享受这段亲子时光。

S——停止与支持

传统观点认为，如果一个学生在学校表现出色，那么他的人生就会非常成功，相反，如果学生在学校表现不佳，那么在今后的人生中也不会有什么建树。大多数老师和家长盼望学生们学有所成。通常情况下，年轻人依赖于学校设定的成绩标准，依赖于学校对个人进步做出的评价，依赖于学校给出的等级评估。

托马斯·A 在《你的孩子是天才》中写道："大多数孩子从幼儿园到高中毕业，在校时间约有 13000 小时，大部分时间花在了与现实生活几乎没有关联的任务中……学校必须成为激发孩子学习热情和使命感的枢纽，这样才能真正解决教育危机。"

请从性格、天赋、兴趣和学习风格几方面重新定义作为学习者的孩子，请停止使用正态曲线的单一维度对孩子进行评价——因为这一标准定义不了你的孩子。

由外而内和由内而外的教育方式

教育孩子有两种方式：由外而内和由内而外。大多数时候，由外而内的教育方式意味着孩子不得不接受被动教育，被动教育是指由专家和权威人士向学生下达规则、指令的一种自上而下的信息传递过程。

知识被动地施与，学生的角色是接受信息。"应该""必须""命令"和"要求"常常是与学习者交流的手段，学校通过考试成绩来判断学习者受批评或是受表扬，是对还是错，是好还是坏。通过互相比较来评价学生。例如，你是一个好学生，但贾尼斯更好。奖励和惩罚是用来激励学习的手段。

由外而内的教育方式，类似当下许多学校的教育方式，都强调控制，要求遵从，提倡秩序高于一切。为了确保这些要求得到满足，人们制定了各项政策、程序、规则和期望。人们认为孩子无法学会自我管理、自我约束和自我评价，担心如果没有由外而内的政策来维持秩序，就会出现混乱，学习者也学不到任何有价值的东西。根据阿尔菲·K 的说法，在这种学校教育模式中，"问题总是出在不按要求去做的孩子身上"。通常没有考虑不同学习者是否能够适应这些标准化规则。

J. F. C 就这一课题进行了广泛的研究，他表示："仅仅教导孩子必须遵守规则的教育方式，即使他们制定的规则合法且恰当，对孩子和整个社会来说也是失败的。"

另外一种教育方式是由内而外的教育。这一理念期望孩子能够保持积极、主动参与的学习态度，他们被视为具有自身特质的个体。

孩子们需要被他人了解，需要互动。他们应被视为完整的个人，每个孩子都有自己的特性，对孩子的期望以及教育方法也应尽可能地个性化。家长和老师为孩子创造适当的条件，鼓励他们发展技能，最终学有所成。尊重是互动的基本原则，因为我们看待和对待孩子的方式遵循"预言的自我实现"原则，当孩子的优点得到培养和尊重，孩子就会成长为自信、值得尊重的人。学习的动力源于对兴趣、优势和目标的认可，也源于适当的挑战。

本书提倡由内而外的教育，其基本前提在于：当孩子的学习需求得到满足时，他们自然而然地成为值得信赖、如饥似渴的自主学习者。

ACTIVITY
活动

① 请写下老师用来形容孩子的词汇。
② 请写下你认为这些描述会对孩子的能力和学习动力产生什么影响。
③ 在孩子的日常生活中，由外而内的学习方式是如何发生的？
④ 在孩子的日常生活中，由内而外的学习方式是如何发生的？

小结

请在孩子的学习过程中发挥更加积极的作用,这将可以检验并加强亲子关系。全新的互动方式是建立学习团队的开始,需要引导、鼓励、称赞孩子每一次获得的成功学习经验。多年来,我一直与家长们一起寻求一种新的互动方式,以期帮助孩子在学习上更上一层楼,我知道这些都是可以被实现的。

本章中描述的五项基本原则分别为:赞美孩子的独特性;接受父母作为孩子老师的角色;主动回应孩子,而不是被动反应;扩宽你对学习环境的理解;不再接受单一维度的正态分布对孩子妄下结论。

当你在进行本书的下一部分阅读前,请将这五项基本原则铭记在心。

第二部分

进行评估

第三章到第十章将帮助你完成 D-TIME 天赋测评部分。第三章是对家人进行评估的过程介绍。第四章到第八章将带你了解 D-TIME 天赋测评五大方面。性格、天赋、兴趣、学习风格和环境。第九章教你如何把所有的信息融会贯通，以确定每个家庭成员的学习风格。第十章是对后续活动的整体介绍，用来帮助整个家庭更好地理解评估结果，并利用评估结果更好地进行学习。

爱因斯坦曾说过："现代教育方法竟然没有完全扼杀人们神圣的求知欲，这可以称之为奇迹。"我相信 D-TIME 天赋测评报告能帮助你保留孩子的好奇心和学习热情，并成为打开孩子学习之旅新气象的关键所在！

现在进入第二部分！

请阅读第四章至第八章的内容，了解一下 D-TIME 天赋测评的五大方面。

D-TIME 天赋测评的五大方面

 T- 天赋	音乐 数学—逻辑推理 机械推理 语言逻辑	艺术/视觉/空间 自我沟通 与他人沟通 与动物沟通	运动协调 与自然沟通 幽默感 提升生活品质
 I- 兴趣	最喜欢的科目 热爱的食物 感兴趣的问题 最喜欢的玩具和卡通人物 最喜欢的颜色 坚持学习半年以上并表现出持续兴趣爱好的课外课程		
 M- 学习风格	听觉学习风格 广泛听觉风格 语言听觉风格	视觉学习风格 图视觉风格 文字视觉风格	动/触觉学习风格 动手实践 全身参与 涂鸦 书写
 E- 环境	声音 身体姿势状态 与环境（与人、与动物）互动 光环境	温度 食物 颜色 一天中精力旺盛的时间	
 D- 性格	表演型	生产型 发明型	关系/激励型 思考/创造型

第三章

评估：开始

现在准备好去发掘家庭成员的学习者画像吧。你可以对你所有的孩子进行评估，也可以评估孩子的家长，也就是你自己。

我们精心打造了天赋教养 D-TIME 天赋测评模型，这个测评从性格、天赋、兴趣、学习风格和环境五大方面对学习者进行评估。其他的类似评估往往只评估其中的一两个方面。请注意，没有哪一种评估可以涵盖所有的特征组合，也没有哪一种评估能够完全定义一个人。本书将许多重要的学习者画像信息融合在一起开展评估测试，这本身就是一种独特的评估方式。

D-TIME 天赋测评作为一种评估工具，它主要用于收集信息、增强自我意识、鼓励讨论进而促进学习行为的改变。大多数人，甚至是儿童，都可以通过这份测评报告了解自己是什么样的人。D-TIME 天赋测评可以帮助他们确立和验证对自身的了解，而获得这些信息的最好方法就是提问。

请注意，测评的目的不是将人严格分类。在不同的类别之间会有一些重叠，并且随着孩子的成长，D-TIME 天赋测评的测评结果有时会出现变化。测评结果不对职业选择做出限制，也不会限制孩子潜能的发挥。测评报告只是帮助孩子释放潜能、提高学习效率、助力所有孩子学有所成。

我希望你能经常看一看家庭成员的测评结果，并希望测评变成你们讨论教育规划的一部分。

如何进行

1. 阅读本章

在进行评估之前,请阅读本章。本章包括测评指导和其他有用信息,有助于你更好地进行测评。

2. 进行评估

- 孩子。
- 父母。
- 其他家庭成员。

3. 评估方式

- 利用书后附录提供的测评表根据年龄选择对应的评估内容(见附录1和2)。
- 或者扫描封底二维码,了解更多关于天赋教育理念和测评相关的问题。

D-TIME 天赋测评面向三岁以上儿童和成人。如果你的孩子存在阅读困难,你可以将评估内容读给孩子听。全然接受孩子的选择,请抑制为孩子做选择的冲动。

如果你的孩子已经上小学,且已经具备阅读和自我评估的能力,那么,请让孩子自己填写评估表格。对于不具备阅读能力的一年级、二年级孩子,你可以将测评读给他们听,以便他们能独立做出选择。

对于六岁及六岁以下无阅读能力的儿童,以及即使听到内容也无法做出选择的儿童,家长可以通过观察,替孩子填写测评。让配偶或与孩子一起生活的其他家庭成员也填写 D-TIME 天赋测评,并对结果进行比较。三岁和四岁的孩子可以参与测评,不满三岁的孩子年纪太小,暂时无法进行评估。

请记住你自己的评估报告。当我们和他人一起工作或指导他人时,我们倾向于以自己作为标杆，我们期望对我们有效的方法对他人也有效！了解你自己的学习者画像报告将会为你与孩子互动提供宝贵的参考，你将会在第十章了解到更多的相关内容。

- 指导孩子。

向你的孩子解释，这份测评是一个有趣的工具，可以帮助他确定自己的喜好、优势以及最佳学习方式。这些结果可以为活动和教学提供思路，可以让孩子更轻松地学习、做作业、备考，并找到自己喜欢做的事情。向孩子解释答案没有对错之分，鼓励其根据自己的喜好做出选择，而不是让孩子依据他人的希望进行选择。这是孩子专注于自身和了解自己的机会。

向你的孩子解释，如果他不明白某个字的意思或不明白指令的意思，他可以寻求帮助。我们建议你在需要的时候给予孩子帮助，而不是直接替孩子做出选择。

- 如果我不同意孩子的答案，该怎么办？

请记住，孩子的回应无关对错。重要的是由孩子自己独立回答问题。再一次强调，请抑制为孩子做选择的冲动，即使你不同意他的选择。

如果你认为孩子在评估中所选的答案不正确，请保持开放的心态并表示接受。通常，孩子的直觉是正确的。有时，父母会对孩子的评估结果惊讶不已，之后他们告诉我，在他们开始留意之后，他们才意识到，事实上，孩子的回答才最准确地体现了他们自己的特点。

有时候，孩子会选择一些并不符合自己学习者画像的选项。但这种情况很少发生。如果这种情况发生在你的孩子身上，请接受这样的结果，并开启一段探索的旅程。这是因为你的孩子在此时看待自己或者认为自己应该是这样，才会做如此选择。当你和孩子交谈并尝试采用本书中的建议时，你们将共同学习什么是更准确的描述，什么是最有效的方法。你的孩子会明白他完全可以提出质疑并做出勇敢的尝试。

做好转变思维的准备

当你厘清接下来五章中涉及的 **D-TIME** 天赋测评所包含的重要意义时,你可能会百感交集。你内心深处可能会明白,这一切都很有道理,但可能与你自己早年的在校经历传递给你的"学习规则"相悖。你可能会想,"是啊!就应该是这样"和"为什么学校里不明白这些","学习是一件严肃的事情,不应该如此有趣"以及"我不是来满足孩子的每一个奇思妙想的,我是来帮助他变得自律,从而认真完成作业的"。

请记住我们在前面讨论的原则,即通过倾听和认可,来尊重和鼓励每个孩子。毫无疑问,倾听、认可和重视,为成功的学习之路奠定了基础。本书中的信息固然是重要的组成部分,但你对待学习的态度和理念同样至关重要。作为父母,如果我们真的相信每个孩子都是独一无二的个体,都有自己独特的天赋和创造力,那么我们就必须想办法鼓励而不是扼杀孩子天赋和能力的施展,从而帮助他们成长。

第四章至第八章详细讨论了 **D-TIME** 天赋测评的五大方面。如果你觉得信息太多,不能一次全部吸收,可以每次阅读一小部分,实施一两项建议,然后逐步实施。

请记住,没有哪个孩子的学习是完美无瑕的,我们也不可能在努力平衡个人需求、家庭需求和孩子学习需求的同时,将本书中介绍的所有技巧和策略都付诸实践。重要的是,你愿意改变自己的思维方式,倾听孩子的心声,考虑做出改变,并尽可能多地实施本书提出的建议。

第四章

性格：世界看待我们的方式

性格（disposition）、个性（personality）和性情（temperament）都旨在对人的同一方面进行定义。性格体现了个体特征的一个方面，一个人性格的先天因素大于后天因素——性格是与生俱来的，一个人的性格是很难被改变的。

我们通过性格向世人直观展示自我，并与他人互动。而特定的天赋、学习风格或兴趣则不会被单独展现。一定程度上来说，天赋测评除了性格（D）以外的其他四个部分（TIME）都是通过性格来表达。

从根本上来讲，性格可以决定人们的工作、交流和学习方式。D-TIME 天赋测评界定了五种不同的性格：表演型（Performing）、生产型（Producing）、发明型（Inventing）、关系/激励型（Relating/Inspiring）和思考/创造型（Thinking/Creating）。有关五种不同性格的详细介绍，参见接下来的第一节~第五节。英语中我们用动词而非名词（例如表演者、生产者、发明者）命名这些性格，这是因为我们希望能够根据人们的行为去描述他们的性格，而不是给他们贴上职业标签。

一个人的性格会影响其行为举止和学习风格。我经常看到家长和老师因为孩子身上反复出现相同的"不当行为"，而对孩子进行训斥，和孩子争辩不休，甚至对孩子进行惩罚。事实上，有很多争吵是源于不同性格的人看待事物的方式不尽相同导致的。我们每个人争吵时都认为自己无比正确，但众所周知，争吵并不会给你带来任何长远益处。想想那些曾经喋喋不休的争吵吧，可能仅仅是因为你习惯早起，而你的孩子、丈夫或妻子是个夜猫子。

我们再来谈谈人们对于时间的理解。如果你对一个人说，我们十分钟后碰面，那么他可能会准点出现在约定地点；而另一个的人可能会在半小时后才出现。这并不意味着第二个人一定没有责任感，相反，他可能只是因为忙于某个项目、想法或计划，而忘记了时间。这种行为受他性格的影响。责骂或惩罚并没有任何用处，而随着时间的推移，这些惩罚性的行为还可能损害彼此之间的关系。但这并不意味着这个人不能或不应该去学习如何守时，而是说，我们应该本着解决问题的思路来帮助他学会守时。（参见第十一章，了解更多关于聚焦问题的解决思路）

如果你每天都会因为这样的琐事与孩子争吵，那么这很可能是性格差异带来的问题。要知道，继续纠结于此类事情无异于尝试推倒一堵墙。无论你多努力，多有创造力，或者全力尝试多少次，推墙这一行为只是徒劳。

相反，充分尊重和了解彼此性格的差异，将争论转化为解决问题的过程，才是正确的解决问题之道。

不接受孩子性格的代价

如果我们不学着去接受和面对孩子的性格（性格是孩子天赋测评中最为显著的外在呈现），那么孩子就得不到认可和接受，而这种认可和接受是人类最基本的需求。当真实的自己得不到接受，我们就无法在所处环境中获得安全感，这将对人际关系与学习产生影响。这种影响不仅存在于孩童时期，许多人更是为此付出了一生的代价。

安全第一

很多大脑研究者认为："学习环境必须能够给人以情感上的安全保障，只有这样学习才能顺利进行。当孩子感到恐惧、抗拒学习或处于危险时，去甲肾上腺素（应激激素）就会过度分泌，导致孩子将注意力放在自我保护上，而非学习上。"

安全是人类的基本需求，也是学习的前提条件。安全不仅意味着没有暴力侵犯。贬低、恐吓、负面标签、对孩子所犯错误和缺点的过度批评都会让孩子感觉自己无能，导致孩子体内分泌过多应激激素，使他们随时准备进行自我防卫。一旦感觉受到攻击，孩子会把大量时间用于巩固情绪状态上，为自己筑起内在和外在的防护，自然无法集中注意力去完成学习任务。

当家长和老师了解了孩子的性格，并且愿意去接受他们，而不是采用生气、惩罚或者争吵的方式与孩子相处，那么孩子的学习效果自然会越来越好，因为他们对安全的基本需求得到了满足。

我们最深切的需求

我相信你一定遇到过这样一些成年人，他们渴望被人关注、充满掌控欲、喜爱说教、追求娱乐、喜欢照顾他人、擅长心理分析、哲学思辨、渴望与他人分享近况，当这些需求无法得到满足时他们仍然试图寻求获得自我认同——无论他们是生产型、表演型、关系/激励型、思考/创造型或是发明型。这种对自身的认同也许是我们内心最深切的需求。我们就像一张破旧的唱片，反复播放着同一首老歌，直到内心深处的需求得到满足。

在接下来的章节中，你将会了解到如何接受不同的性格并与之互动，实施因材施教。当你阅读这些信息时，请记住，承认某种观点的存在并非意味着你认可这种观点。针对同一个问题可能同时存在两种截然不同的观点。正如维多利亚·K.H 所写："不能因为两个人意见相左，就认为其中一个是对的。"

主要性格和次要性格

我们每个人身上都有一些性格特征，这些特征都可以归为评估中确定的五种性格，然而，占主导地位的往往是其中的两三种性格。

如果你正在使用在线测评，请关注评分部分。得分最高的性格是主要性格。结合得分第二高的次要性格一起，可更全面地解读一个人的性格特征。

请注意：

- 如果主要性格和次要性格之间的差距很大，则说明主要性格很可能占主导地位。
- 主要性格和次要性格之间的差距越小，两者之间相互影响和共同占据主导地位的可能性就越大。
- 有时，有的人会得到三个相差无几的分数。这种情况说明，三种性格特征相互作用，共同占据主导地位。

对每个人来说，五种性格的分数组合都是独一无二的，这也反映了他们所具备的不同性格是如何相互影响的。请注意，分数组合无关好坏。每一种性格都同等重要，分数仅仅反映性格强弱。

如果一个人在某一种性格上得分低，并不一定意味着他不能掌握这方面的技能。例如，在"关系/激励型"部分得分为 0，并不意味着此人不喜欢与他人相处或对他人有敌意。这只是表明，从天性上来看，在涉及学习和工作时，"关系/激励型"因素并非其优先考虑的事项。

我们曾经让一位面向年轻人的社区工作人员做了测评，这位主任告诉我，她认为结果是错误的，因为测评未反映出她对他人的关心。在我们交谈的过程中，她确实有公平对待他人的强烈愿望。然而，这种愿望基于这样一种信念：善待他人是正确的事情，而不是因为她发自内心地喜欢与他人相处，她也不会因为帮助他人而感到舒适和被欣赏。事实上，在与她的交谈中，我了解到她是一个非常注重隐私的人，不喜欢与人交往。同样的，在"生产型"部分得分低并不意味着这个人什么事情都做不了。许多人通过习得生产型技能完成了大量工作，但这不是因为他们真正喜欢去组织、规划、安排并完成一个又一个的项目。低分数有助于帮助我们解释为什么我们不擅长某些领域，或者为什么我们必须格外努力才能学好该领域的技能。

哇！你可能会想，这变得越来越复杂了。你在 D-TIME 天赋测评中发现的复杂性证明了每个人的独特性，保持这种复杂性是让孩子们信任这一测评。

性格会改变吗？

在大多数情况下，随着时间的推移，主要性格和次要性格会保持其主导地位。在某些情况下，主要性格可能降为次要性格，而次要性格也可能升为主要性格。

有时，整体得分会随着时间的推移而趋平。高得分会下降，低得分会上升。将这些分数绘制成图表可以看出，峰值和低谷之间的差值并没有那么大。

偶尔还可能出现分数完全转变的情况。影响这种变化的可预测因素有两个。众所周知，一些重大事件，如亲人的离世或其他情感冲击会影响性格得分。另一种情况是，当人们按照他们认为"应该"的方式填写评估结果时，性格分数也会发生根本性的变化。例如，当一个七八岁的孩子填写测试评估调查时，他非常清楚学校、社会、甚至家庭对"生产型"部分的要求，并认为自己"应该"具备这些特征，这种迎合心理导致出现分数的偏差。当孩子第一次做性格评估时，他会想着去取悦周围的人，从而选择了适合周围人"要求"的选项，结果其主要性格被证明是生产型。而当孩子在十几岁的时候再次进行这项评估时，往往会拥有另一种想法，一种更能代表其自我的想法，因此生产型不再是其主要性格。

随着个人需求、偏好和目标的调整，我们推荐每隔两到三年便进行一次评估。有些人每年都会进行评估，用作个人年度计划的参考。

小结

了解孩子的学习性格特点，发现与之合作的方式，这会使我们把有关学习的争论，转变为专注于解决问题的积极讨论。

后面的章节详细介绍了每种性格的相关内容，包括学习特点、偏爱的环境、（对组织的）贡献、提升空间、关系冲突、理想课程、家庭作业帮助和激励因素等。

这些章节提供了帮助读者快速了解孩子主要性格的依据和方法。为了使任务更简单，我们特意简化了呈现的内容。需要格外注意的是，每个孩子的性格都比参考模式中呈现的性格要复杂得多，个体也都有不同的性格特征，占据主导地位的性格往往是两或三种。

有些性格组合可能会让人感到困惑。例如，你孩子的主要性格可能是表演型和发明型。表演型性格的人通常喜欢成为人们关注的焦点，而发明型性格的人通常喜欢独自工作。学会平衡这两种性格的能力是孩子需要培养的主要技能。孩子需要学会适时把精力从外部活动转移到更安静、更私人化的活动上去。

我有一个同时具备表演型和发明型性格的学生。他在课堂上用自己的表演型性格开玩笑，分散其他同学的注意力，利用发明型性格创造具有异域风情的食谱和饭菜，并设计、建造和维护水培园艺系统，为他的烹饪项目种植药草和蔬菜。如果他能够学会如何协调运用他性格中的两个方面，他的未来将不可限量。也许他会成为像茉莉亚·C这样知名的大厨,也可能成为像"美食家快跑"中格雷厄姆·K一样的美食节目主持人。而我的工作就是帮助他将自我性格的各个方面结合起来。

在你阅读本书时,你将深入了解与孩子的相处模式,以及平衡孩子各种性格的方法,学会如何将他们的天赋、兴趣和学习风格相融合。请参阅第九章格雷格和安妮的故事,了解更多关于这一主题的信息。

第一节
表演型性格：动

To get along best with Performing people, it is important to acknowledge their needs for spontaneity and playfulness.

为了与表演型性格的人相处融洽，对他们的率性而为和游戏态度表示认可和尊重至关重要。

在当今社会，表演型性格的人易受欢迎、引人注目。他们易成为电影界和音乐界备受瞩目的明星，或是娱乐表演家。

通常来说，这些人直到高中毕业后，娱乐天赋才开始得以施展，因为在家庭或课堂上，他们可能被认定为捣乱分子。具有讽刺意味的是，那些表演型性格强烈的孩子经常因为爱在课堂上说俏皮话而被警告，他们容易让老师失去耐心并遭到老师的训斥。表演型性格的人最在意观众，因此只要有机会，他们就会毫不犹豫地把别人拉过来做观众。教室无疑成了他们恶作剧的理想场地。

表演型的人胆子大，以逗乐别人为己任，他们会通过挑起争论或以其他方式吸引别人的注意力。表演型性格的学生经常被贴上注意缺陷多动障碍的标签。

根据对一些表演型性格的孩子的观察，我们发现他们拥有如下特点：聪明、机智、直言不讳。这些孩子通常喜欢挑战权威、规则和传统。在所有性格的学生中，表演型性格的学生是学校里最难约束的。

在家庭里，这类孩子会通过嘲弄、调侃把兄弟姐妹逼疯。面对表演型性格的孩子，父母们容易失去耐心，因为这些孩子似乎不把协议、规则和期望当回事。他们走到哪里都会时不时"陷入麻烦"中，这最终可能会导致他们产生气馁、退缩或叛逆的心理。

我一个学生的父亲属于表演型性格。他老师无数次告诉他不要发出滑稽的声音，而他总是不由自主地这样做。这让他在很多时候都陷入麻烦中，而现在他是迪士尼最受欢迎的动画角色的配音演员。

关于杰·雷诺（美国著名脱口秀主持人）也有类似的报道。而像露西尔·鲍尔、伍皮·戈德伯格这样极具天赋的喜剧演员，他们孩童时代的老师们，也肯定有许多关于他们的趣闻轶事。

虽然大多数演员、歌手和音乐家都具有表演型性格，但并不是所有具有这种性格的人都能成为表演家。许多运动员、律师和政客都具有表演型性格，还有一些人从未真正"登上舞台"，但他们却是家庭聚会上的主角。

表演型性格用"动"这个字来形容最恰当不过。这种性格特征的潜台词是：即兴发挥。

比尔·科斯比的一位老师抱怨到，比尔似乎认为他来学校的任务就是娱乐课堂内外的人们。他有这个潜力，但是……比尔的妈妈保留了他六年级的成绩报告单，在报告单上，他的老师批注："比尔是课堂上的"捣乱分子"。

学习特点

表演型性格的人偏爱娱乐性强、效果立竿见影兼具多样性和挑战性的课程和活动，喜欢能够让他们动手实践的活动，他们喜欢可以动起来、能表演或操作起来的课程和活动。

如果提供给这类孩子的教学材料和学习技巧简单且有针对性，允许他们自主活动，教学内容涵盖游戏、强调动手能力，并包括视听内容等，那么他们就能最大限度地提高学习效率。

偏爱的环境

表演型性格的人需要大量的活动空间。他们在充满乐趣、挑战，并且可以自由安排时间的环境中表现最佳。他们喜欢校外参观学习，喜欢生活化的、轻松的学习环境。

贡献

表演型性格的人在一些场合里能给他人带来乐趣、笑声、刺激和兴奋感。他们有趣、充满戏剧性、灵活、聪明和机智，给人一种精力充沛、直言不讳、敢于冒险的印象。

提升空间

表演型性格的人通常缺乏守时观念、不喜欢提前做计划、不习惯遵守秩序，也不会留出时间安静思考这些事。他们往往很难与人敲定一项约定，会因为一时冲动而改变计划且不考虑他人的计划或感受。他们可能很难去解决问题（因为太费时间），也不擅长履行承诺（因为想去做更重要、更好的事情），其中一些行为可以列在计划表的提升空间中。此时，你可以告诉孩子以适当的方式释放精力，比如摆弄橡皮泥、拼搭乐高类玩具或挤压球。如果孩子身处需要保持安静的场所里，不妨提前在口袋里放些可以释放精力的东西。

关系冲突

表演型性格的人最可贵的品质是他们的即兴能力。表演型性格的人想成为

"舞台中心"，但他们的渴望常常被忽视，想给他人带来乐趣和笑声的想法也常常被误解，并且有时被人认为浅薄、聒噪、不负责任或不顾及他人的感受。当这种性格不被认可时，"问题"行为就会增加。那些在成长过程中娱乐和冒险的欲望被给予了负面回应的孩子，长大后会变成迟到、失约、讲不合时宜冷笑话的成年人。父母应该教会孩子，在不同的情境下如何适当展现其表演型性格，这将有助于他们成长为能够满足自身需求、同时尊重他人需求的成年人。

理想课程

电影制作、体育运动、建造火箭等具有娱乐性质或者提供大量需要移动、表演和操作的机会；将数学原理应用于滑板坡道的设计和建造，或者利用地图规划假期旅行，这些都是与所学相关的动手实践活动。通过打篮球来学习数学知识，或者通过玩棋盘游戏来提高阅读技能都是具有实践性、变化性和挑战性的活动。

这一类学生喜欢那些能让他们改变、构思、建造、设计、制定、产生、创造、扮演重建、重组、修改、建议和视觉化的活动。

家庭作业帮助

- 做书面作业时，我们鼓励孩子们每隔 15 到 20 分钟休息一下。
- 鼓励学习与运动结合。例如，为了记住数学公式，可以将教学卡片铺在地上，在卡片旁拍球，一边背诵公式一边投篮。蹦蹦跳跳、跳绳、跑步或跳舞等在内的运动都会有良好的效果。
- 通过玩棋盘游戏来巩固历史、地理、科学、数学或外语等学科的知识，或者创造属于你和孩子自己的游戏！

- 在备考时，帮助孩子以短视频或进行表演的方式阐明对教材的理解。建议孩子扮演记者，将课文录下来，然后进行回放；让学生把学习内容编入一首熟悉的歌中，并唱出来。
- 尽可能将课本中的内容与"真实生活"场景相关联。例如，在学习等式 $3×5=\_\_$ 时可以说，有五个人，要给每个人三份礼物，那么你一共需要买多少份礼物？
- 获得老师允许的前提下，用短剧或表演的形式代替书面报告。

激励因素

表演型性格的人会因被他人认为有趣、机智、聪明，以及会给别人带来快乐而受到激励。另外，当他们有空闲时间、能够选择自由活动以及被允许进行娱乐活动时也会倍感激励。

表演型性格资源推荐（注：本栏目为译者本土化资源）

输入资源推荐	内化活动推荐		输出策略	提升指南
语言类: 阅读好玩儿、有趣、戏剧化、夸张的图书。比如"William Mo"系列，《寄先生妙小姐》，Wimpy Kid，My Weird School，"Dr Seuss"系列，iEnglish（游戏+阅读的激励机制），Wee Sing，Palfish 动画，歌谣，戏剧	歌曲歌谣	英文歌曲歌谣、高频词歌谣、唱中文诗歌、拼玩儿识字\语言类的游戏	讲故事、讲笑话、猜谜语、录制音视频作品、中英文演讲（比赛）	学习守时，做计划，整理，留出安静思考的时间和空间，学习项目管理来完成任务和承诺
识字类: 小象识字，洪恩识字，拼玩儿识字，绘本分享 APP，高频词 Chant，Palfish 自然拼读；其他试听资料：郝景芳通识课（喜马拉雅），Disney 神奇英语，凯叔讲诗词	大肢体、精细运动	记忆内容+大肢体运动，看视频+大肢体运动，听音频+乐高搭建		提供释放精力的通道（大肢体运动、球形椅子、挤压球），父母要注意满足表演型孩子的需求，引导他们在合适的情况下释放表演型性格的能量（表演、演讲、运动等）
数学类: 游戏化的课程和APP：数学王国，珠心算，洪恩数学，火花思维，Palfish 动画、歌曲、歌谣、戏剧，"李毓佩数学故事"系列	表演展示	戏剧表演（戏剧教育），Mo Williams（Don't Let the Pigeon Finish This Activity Book）	唱歌跳舞表演	
科学类: STEAM课程，Tinybop 探宝1~16，code.org 网站，Scratch 编程	手工操作		学会制作 PPT、剪贴簿、制作海报、制作模型进行展示	

第二节
生产型性格：组织

To get along best with Producing people, it is important to acknowledge their needs for order and efficiency.

为了与生产型性格的人融洽相处，认同他们对秩序和效率的需求至关重要。

从秘书到会计再到管理人员，各行各业都存在生产型性格的人。他们致力于保持社会的有序和高效，而且总是按时间表和预算完成工作。通常，他们试图满足和实现的期望越多，遇到的挑战就越大，获得的乐趣也就越多。

传统的学校偏爱生产型性格的学生。在大多数情况下，传统课堂就是为那些在生产型技能方面训练有素或有天赋的孩子准备的。他们按时提交作业，字迹工整，有适当的标题和页边空白，不介意长时间坐在同一个地方，因此老师们也乐于培养生产型性格的孩子。

从过去十年通过"D-TIME 天赋测评"收集到的信息来看，生产型性格的孩子占日常课堂人数的 8%~16%，也就是说大约 35 名学生中会有 3~6 名。这些孩子擅长制订计划、组织和安排。这些孩子是许多父母口中的"别人家的孩子"。这些孩子在课堂上积极配合，按时完成作业，并努力达到老师的标准。生产型性格的学生似乎存在一种内在需求，一旦给他们分配了任务，他们就会竭尽全力去完成。事实上，在很多情况下，快乐不在于事情本身，而在于完成工作并将其从"清单"中划掉时的快感。

在学校表现出生产型性格的孩子在家里可能不会有这种表现。第二性格可能在家里（上学之前和放学之后）占据主导地位。孩子在家里和学校里都能表现出生产型性格，往往是父母的一大乐事。

在我们所处的社会，生产型性格也许是最受重视、最需要的一种性格。完成任何项目都需要掌握生产型技能；因此，不管我们是否愿意，大多数人都会培养一些生产型技能。事实上，有些天生不擅长生产的成年人在生产型性格上得分却很高。

对这些人而言，生产型技能在他们成年时已经根深蒂固，他们会在评估中自动做出符合生产型性格的回答。在这种情况下，仔细观察其第二性格（第二高分）至关重要，这样做的目的是更深入地了解这些人。有些人坚信自己"应该"有高超的生产型技能，所以他们在此类中的得分过于虚高。这些人也需要注意他们的第二高分。有时候，孩子会因为想要取悦周围重视这些技能的人，而在生产型性格方面得分过于虚高。

用"组织"一词描述生产型性格最为恰当。这种性格特征的潜台词是高效、有序。

学习特点

生产型性格的人更喜欢结构清晰、井然有序的主题和活动；应该为这类性格的人提供常规活动和训练机会；给他们分配能够记录的主题和活动。如果教师使用的教材和教学技巧逻辑性强并井然有序，允许他们使用练习册，有明确的计划、日程安排和截止日期时，他们就能取得最佳学习效果。

偏爱的环境

生产型性格的人需要安静的空间，以便能够有条不紊地开展日常活动。他们在稳定、安全、可预测的环境中茁壮成长。他们热衷制订日程表、清单并提前进行规划。

贡献

生产型性格的人将常规、秩序和程序带入情境中。他们会非常专注、细致，勤奋而且非常有责任感。他们表现出条理感、传统感、连续性，重视习俗、遵守规则。避免任何形式的浪费也是这种性格的特点。

提升空间

你可能会认为你没有遇到过这种性格的孩子！这是因为在典型的课堂中，每35个人中只有3个人属于这种性格。其实，这种性格的孩子确实存在着，我就遇到过很多。事实上，一些自己都不具备生产型性格的父母和老师经常说，这些孩子严格遵守秩序和时间表的需求"快把他们逼疯了"。

生产型性格的人通常对思考自然、实验和探索，或与他人讨论类似这些"浪费时间"的事情没有多大兴趣。他们很难只是为了好玩或需要停下来帮助别人而打破常规或改变计划。他们强烈要求准时准点、信守承诺、负责担当，重视规则和时间表，而不是和"人"有关的问题。

对生产型性格的孩子来说，在他们的成长过程中，应该学会让自己变得更灵活或花时间放松。例如，一个做几个小时作业都不休息的孩子可以学着做短暂的伸展运动或者花五分钟散散步，因为这是一种有益健康并且值得鼓励的行为。

关系冲突

生产型性格的人有强烈的组织欲望并且迫切期望事情进展顺利，但他们的欲望常常被忽视。而其他性格的人可能会认为生产型性格的人过于死板、控制欲太强。

生产型性格的人经常会认为自己维持秩序的美好意图被人们误解了。此外，在这种性格的孩子身上还存在一个不同寻常的问题：他们强有力的组织能力被作为兄弟姐妹和同学们的行动标准，以致他们成为怨恨或嫉妒的对象。因此，（家庭和学校）有责任帮助这些孩子学会在各种情况下保持灵活性，而又不放弃他们对生产型行为的需求，这一点尤其重要。

理想课程

生产型性格的学生喜欢遵循规律及按部就班的课程类型，如：对生物进行分类，绘制图表，按字母顺序排列等。日常学习可以提供练习册和工作表。制定时间表和绘制大纲都是与逻辑安排及组织相关的活动示例。多项选择题和填空题则是与记笔记和记忆策略相关的教学技巧示例。

教师可以尝试在课堂上使用的一些传统的教学法，如做读书报告、写研究论文，因为这些活动会设置截止期限、大纲及时间表等环节。

这类学生喜欢能让他们定义、识别、标注、列表、定位、命名、回忆、拼写、讲述、画线、填空、描述、解释、排列、释义、总结、应用、分析、分类、比较、确定因素、制作图表、辨别、剖析、区分、选择、决定、确定优先级和排序等的活动。

家庭作业帮助

- 提供安静的学习空间。
- 让学生有固定的写作业时间，安排好时间表。
- 表扬学生有条理、整洁、守时。
- 通过使用闪卡练习、背诵帮助学生增强记忆。

- 提醒学生在备考时，在课本上划重点（如果允许的话，可以在书上做标记）、绘制大纲或使用思维导图（在第七章中会详细介绍）。
- 开放式课堂环境对于这类学生来说可能不太适应。在征得老师同意后，应允许对这部分学生采取固定的学习模式，或者让他们在更井然有序的课堂环境中学习。
- 要给他们保留"私密"时间，对他们来说，更喜欢"与书独处"。
- 老师很容易想当然地只提供练习册进行学习。其实只要课程内容组织有序、循序渐进，并增加一些乐趣，都可以提高孩子的学习效率。
- 引导学习者参与到培养创造性思维并拓宽学习体验的学习模式中来。和其他学习类型者一样，这类学习者也需要从乏味的例行常规及死记硬背的学习方式中抽离一下。

激励因素

如果生产型性格的人被公认为有条理、整洁、高效且准时，他们就会受到激励。以下情况下，他们也会备受激励：设定目标、自我认同、听到表扬评语、成绩单上的表扬贴纸和理想的分数。

生产型性格资源推荐（注：本栏目为译者本土化资源）

类别	输入资源推荐	内化活动推荐		输出策略	提升指南
语言类	"Brain Quest Workbook"系列、"公文式英语"、歌曲歌谣、诗词歌赋、经典读物 iEnglish/Palfish、中文阅读、英文分级读物、中英文写作课	歌曲歌谣	歌曲歌谣 诗词歌赋 经典诵读	学习卡片、剪贴簿	学习减压
			卡片类		让自己更灵活
数学类	可汗学院（中英文）、"Brain Quest Workbook"系列、公文式数学	制订计划、制作学习卡片、用excel表格整理所学	动手操作	研究论文、简历、食谱、宣传册、制定规则	长时间学习后起身运动，课间去户外放松
科学类	STEAM课程、code.org 网站	思维导图、高效人士的7个习惯、康奈尔笔记、时间管理工具（日程表、打卡表）	思维	文案 论文	学习相关脑科学知识推动上述行为
			制度、规则	制定规则	

第三节
发明型性格：发现

To get along best with Inventing people, it is important to acknowledge their needs for intellectual stimulation, competence, and a chance to make a practical contribution.

为了与发明型性格的人融洽相处，认可他们以下需求至关重要——智力激发、有能力、有机会做出实际贡献。

你知道的著名发明家有哪些？我能想到的有约翰·古腾堡、托马斯·爱迪生、威尔伯·莱特和奥维尔·莱特、亨利·福特以及比尔·盖茨等。这些发明型性格的人物有何共同点？他们一生专注于自己的发明。对他们而言，没有什么比他们研究的项目更重要的了。吃饭不重要，做家务不重要，准时参加足球训练也不重要。

发明型性格的人更喜欢可以做实验的科目或活动。对于发明型性格的人来说，没有什么比通过创造性方式解决机械问题更具吸引力了。迅速完成工作不重要，高效完成工作不重要，而且设备、结构或创造的美学也不重要。外观不一定要美观，重要的是能以一种独特的方式运作。

发明型性格的人会花很长时间在阅读资料或上网搜索资料上，以寻找能阐明他们兴趣点的观点和理论。即使这些人并不喜欢阅读，但获取更多信息并找到解决方案的渴望，通常会激发阅读行为。

 托马斯·爱迪生被老师斥为"低能儿"，称其什么也学不会。

并不是所有发明型性格的人都能成为发明家，也不是所有人都能发明适销对路的创新产品。

大多数发明型性格的人会将这种性格技巧运用到日常生活中，比如想办法把窗户支起来、将老食谱变成新菜肴、做好计算机走线使其不外露，设置一个自动连续喂食的狗盘等。发明型性格的人希望有无限的时间去做任何他们需要做的事情，以实现他们的创意。因为他们太专注于自己的发明项目，以至于他们经常忘记时间，导致约会迟到或完全错过约会。

一般而言，如果发明型性格的人遇到对他们提出的话题颇有见地的人共同讨论时，他们会非常享受头脑风暴和辩论的过程。然而，一旦他们专注于自己的探索或发明项目时，他们往往不会进行互动，认为交流纯属浪费时间。他们通常喜欢独立工作，而不是集体工作。

有时候，发明型性格的人认为写作是浪费时间。他们不明白为什么有人会花时间写一份资料汇总式报告。例如，如果你需要搜集卫星的相关信息，你可以寻找关于卫星的书籍，查找对应信息，并将其应用到你的研究中。他们认为，没有必要把旧资料重写一遍——他们可以把这些时间花在更有意义的事情上，比如创造新事物或者寻找问题的解决方案。

 奥维尔·莱特在六年级时因行为不端被学校开除。

这类孩子小时候的好奇心很强，因为频繁提问，身边的成年人不堪其扰。这些孩子在课堂上被要求不说话，不要问那么多问题，只要听着就好了。有时，他们似乎会问一些与课程无关的问题，这就使情况变得更糟，因为老师会认为他们没有注意听讲。实际上，这些孩子确实在集中听讲，只是听到的内容触发他们产生了新的想法，因此被贴上注意缺陷障碍标签。有时候，成年人会因为不知道问题的答案而感到恼火，而同学们则会将这类孩子看作书呆子或万事通。

用"发现"一词描述发明型性格最为恰当，这种性格特征的潜台词是：聪明、能干。

学习特点

发明型性格的人偏爱实验性的科目和活动，这类项目能提供灵感和新的解决方案，并且能提供质疑、设计和发现的机会。如果所使用的教材和技巧是直接的，并能激发创新性的想法、理论、模型，这类性格的人将取得最佳学习效果。

偏爱的环境

发明型性格的人需要灵活的空间，为实验和模型提供空间。他们能够在鼓励提问、探索、辩论和非计划时间独立工作的氛围中得以茁壮成长。

贡献

发明型性格的人给人以擅于创新、热爱学习和热衷探索的感觉。他们独立思考的能力强，说话直截了当并且切中要害。他们对科学、技术解决方案和解决问题的技能非常感兴趣。

提升空间

发明型性格的人对开玩笑、花时间交谈或建立人际关系没有多大兴趣。他们很容易忘记约会，经常破坏他人的计划，因为他们完全沉浸在自己的研究中，缺乏时间观念（就像《乌龙博士》电影中那个心不在焉的教授）。他们相当认真且专注，但缺乏组织和规划的技能。

发明型性格的人应培养其守时观念，留出时间与家人、朋友共度，这些应列在其"提升空间"计划表格中。例如，孩子可以学习设置计时器，用来提醒其按时停止拼搭乐高积木，并为接下来的学习做好准备。

关系冲突

发明型性格的人的技术解决方案和解决问题的技能往往容易被忽视。他们认为自己的发明和"让事情变得更美好"的意图得不到他人理解。其他性格的人会认为发明型性格的人太严肃、冷酷无情、没有条理，甚至可能是工作狂。

当发明型性格的人的积极贡献得不到认可时，这些孩子就会怀疑自己的智力，并感到气馁。他们在自己的发现中寻求认可，可能会成为独行者，长大后很难与他人融洽相处。重要的是，要让这些孩子学会互动和组织技能，这样他们才能更好地将自己的发明型性格融入日常生活中。

理想课程

工程学、电子学、建筑设计等学科，本质上都是实验性学科。这些学科的研究过程中蕴含了大量质疑、设计和发现的机会。建议通过实验或构建理论模型的方式激发孩子探索欲以及寻找新的解决方法的积极性。课外活动可采取独立项目和高智商辩论，这些是培养这些学生解决问题能力的活动实例。

学生们很可能喜欢能够让他们应用、计算、归纳、构造、演示、绘制、举例、说明、制作、操作、展示、解决、陈述规则或原则、分类、归类、比较、对比、辩论、诊断、制作图表、辨别、剖析、区分、检查、更改、创建、设计、寻找新的方式、形成理论、发明、计划、预测、假设、重建、重组、重新修订、建议、支持、可视化、编写、并置、组合和分析的活动。

家庭作业帮助

- 鼓励学生就所学科目开展辩论。
- 鼓励培养学生绘制或构建模型的技巧能力——这可能像思维导图一样简单。
- 提供计算机程序来教授或巩固某一学科。
- 举行头脑风暴讨论；对信息进行"收集"和"分类"。
- 在可能的情况下为所学科目提供实际操作的模型或视觉表现形式（如视频、光盘）。
- 征得老师同意，应允许学生以专题研究代替书面报告。

激励因素

发明型性格的人会因其聪明才智、发现和解决问题的能力被他人认可而备受激励。他们也会因为自己的发明和技术创新付诸实践而受到莫大鼓励。

发明型性格资源推荐（注：本栏目为译者本土化资源）

	输入资源推荐	内化活动推荐		输出策略	提升指南
语言类	科学类主题辩论赛、Usborne（"Look Inside"系列、Peep Inside、"你问我答"系列、"1000 Things"系列）、分级阅读（知证类读物）、The Way Things Work、DK系列（《科学发现大百科》《探险大百科》《世界自然奇观全探索》、"法国百眼"系列等	表达、讨论方式	辩论、头脑风暴、绘图表述	语言：辩论比赛、APP-Tinybop 探宝1~18（APP）+引导表述	学习沟通策略
数学类	探心算、洪恩数学、火花思维、可汗学院			文案：实验报告展示、绘制地图、编写操作手册	时间管理（定时器、番茄钟）
科学类	STEAM课程、code.org网站、How it is made视频、"4D Master"系列、童行学院在线或艾科斯（线下）课程	动手操作	探究式学习思维清单——在家可操作的PBL、博物馆课程、用科研方法探究所学领域、做实验	项目：专题项目演示、模型制作	人际组织能力

第四节
关系/激励型性格：互动

To get along best with Relating/Inspiring people, it is important to acknowledge their need to contribute to the well-being of others.

为了与关系/激励型性格的人融洽相处，认同其希望为他人的福祉做出贡献的需求至关重要。

圣雄甘地、马丁·路德·金和特蕾莎修女都属于关系/激励型性格。

关系/激励型性格的人有着为大多数人创造最大福祉的基本愿望。他们不懈努力，希望他人得到公平对待。他们有望成为学校、社区和国家的激励者。

除了以上列出的世界名人之外，关系/激励型性格的人通常选择从事捐助、赞助、护理、教育和咨询等工作。这些人以"善心"而闻名，他们先天下之忧而忧，乐于为他人创造机会，化解矛盾。关系/激励型性格的人有时会因为忙于照顾他人，而忽视自己的家人和朋友。

关系/激励型性格的孩子很健谈。他们往往能最迅速地获得新闻或知晓八卦。在课堂上，他们会在应该专心听讲的时候传纸条和交谈。在家里，他们会花很多时间和朋友打电话，有时，这种与朋友互动的需求让家人不堪重负，不得不给他们配备了专属电话。这些年轻人情绪高涨，他们对他人的感受有着敏锐的观察力和敏感度，并且富有同情心。

关系/激励型性格的人对自身情绪也很敏感，如果朋友想跟别人玩儿一会儿，那么他们的情绪会很容易受到影响。从父母的角度来看，这类孩子过于重视朋友。如果没有了朋友，这些关系/激励型性格的孩子往往会觉得失去了使命感和人生意义。

关系/激励型性格的人很容易忽视自身的需求。因为他们重视团队合作、集体精神和情感支持的环境，所以很容易被人利用，他们很难拒绝别人，因此往往会为多个组织和项目提供帮助。有时，这种性格会变得过于依赖他人的支持。如果这类孩子的善良和好意不被认可，他们会感觉受到伤害，并变得灰心丧气。

用"互动"一词来描述关系/激励型性格最为恰当。这种性格特征的潜台词是关爱他人，对每个人都个性化对待，同样他们也希望他人一样对待自己。

学习特点

关系/激励型性格的人喜欢具有社会属性、涉及人类行为问题、融入个人感受并且能提供大量互动机会的科目和活动。当他们在学习的过程中被提供个性化选择的机会，采用小班制，并允许合作互动时，他们会获得最佳的学习效果。

偏爱的环境

关系/激励型性格的人需要小组讨论的空间，这样的空间方便谈话和讨论。他们在重视互动、合作和公平的氛围中表现最佳。他们喜欢个性化关注，注重公平、价值观和团队精神。

贡献

关系/激励型性格的人为团队带来和谐因子、重视合作，能够敏锐观察到形势的变化。他们更懂得善良、公平和体贴，并且为团队精神和情感支持做出贡献。

提升空间

关系/激励型性格的人通常对独立工作、"浪费"时间安静独处这类事不感兴趣，或者对大多数非人文学科——比如数学和科学等——兴趣索然。

他们容易被陷入麻烦或有问题需要讨论的人所牵绊，也很容易被需要帮助的人转移注意力，最终让指望他们的家人和朋友感到失望。他们在约会时经常迟到，因为不可避免地出现了一些他们认为更为重要的事情。

在促进其"提升空间"的计划表上，可以填写：鼓励培养其在一定时期内独立完成工作的能力。例如，可以让孩子学会设置计时器，挑战自己在一段时间内完成一定量的功课。

关系冲突

关系/激励型性格的人渴望帮助他人、渴望为世界做贡献。关系/激励型性格的人往往被认为过于敏感。一些人积极投身于他们坚信的事业，因此经常会受到攻击。他们认为别人误解了他们促进合作与和谐的意图。有时他们被认为过于健谈，过于关注原因以及过于敏感。当这种性格的优点得不到认可时，这些孩子学习独立技能的可能性就会降低，变得更加依赖于他人的认可而成为取悦型人格。

值得关注的是，如何让这些孩子学会独立思考，去发现自身的价值，同时又不放弃对关系/激励型的需求。

理想课程

新闻学、心理学、咨询和演讲都属于能提供很多交谈和讨论机会的社会型学科。通过人物故事来学习历史，进行研究访谈，与笔友通信来提高写作技巧都是观察人类行为问题、提供人际接触的方式。可以选择进行项目合作和小组讨论的活动，这些活动提供时间与人互动，并提供培养团队精神的机会。

关系/激励型性格的孩子喜欢各种各样能和他人协作完成的活动。他们可能喜欢涉及举例、比较、辩论、诊断、辨别、区分、建议、支持、辩护、证明、选择、发表意见、组织整理和视觉化的活动。

家庭作业帮助

- 充分认可学生渴望在课堂上讨论和交谈的需要。
- 鼓励掌握包括与人互动、与他人共同学习、交替朗读、讨论课程意义等在内的学习技巧。
- 假设孩子参与了正在研究的课题——假装她是居里夫人,她怎样做才会成为科学家?
- 在备考时,鼓励孩子向假想的听众做口头报告,以让听众相信这些信息的重要性为任务目标。
- 将课程与社会事件联系起来。例如,在做加法题时,将数学计算与举办聚会联系起来提问:已有三个人来参加聚会,然后又来了两个,总共来了多少人?
- 征得老师对小组互动的许可,与合作伙伴共同完成合作项目或完成作业,给予更多的讨论时间,用录制"访谈"或口头报告来代替书面报告。

激励因素

当关系/激励型性格的人因关注他人,善良、公平、体贴和善解人意的表现而受到认可时,他们就会受到激励。当得到交谈的机会、个性化的小纸条、个性化的关注或鼓励时,关系/激励型的人们会被激励。

关系/激励型性格资源推荐(注:本栏目为译者本土化资源)

输入资源推荐	内化活动推荐		输出策略	提升指南
	展示形式	访谈、采访、演讲、咨询	语言 做口头报告、演讲、戏剧表演	学习短时间内独立完成工作，挑战自己用番茄钟限定时间，独立完成定量工作。
语言类 "Pete the Cat" 系列、各类人物传记和自传、童话寓言故事、Newsela（新闻分级阅读网站）、时间胶囊APP、Who was 系列等	合作方式	小组讨论、同学一起写作业、团队拓展活动、交笔友		
数学类 可汗学院、洪恩数学、"李毓佩数学故事"系列、《万物皆数》	思维	社会研究思维训练	参与实践写作 制作家谱、制作家乡地方志、记日记、写新闻稿、采访笔记、做社会问题调研	学习数学、科学类人物知识
综合艺术科学类 STEAM课程、"啊！设计"系列视频	学习方式	假设孩子是某位历史人物，锻炼其看待历史事件的视角；课程与生活、人物联系在一起，交替朗读		

第二部分 进行评估
Part 2　Do The Assessment

第五节
思考/创造型性格:创造

To get along best with Thinking/Creating people, it is important to acknowledge their need to contribute new ideas.

为了与思考/创造型性格的人融洽相处,认可他们渴望贡献新想法的需求至关重要。

思考/创造型性格的人与发明型性格的人有一些共同特征。然而,对于这类性格的人而言,将工作应用到具体的、现实的用途往往并不重要。思考/创造型性格的人希望在另一个层面上有所贡献,即以现实生活中的问题和关注为基础,创作出鼓舞人心或发人深省的作品。

在这个类型中,有些人想要激励他人,有些人想要教导他人,也有些人想要描述生活。他们可以花费大量的时间进行深度思考,思考诸如空间、时间、意义或目的等抽象概念,以及人与人之间、人与事物之间或事物之间的关系。他们沉浸在思想的世界里,通过公式、哲学问题的解决方案以及文学艺术作品(如绘画、素描、雕塑、诗歌、散文、音乐、戏剧和舞蹈等)来表达这些思想。

在哲学、数学和科学等方面有表现力的思考/创造型性格的人往往在这些学科领域表现优秀,在抽象思考方面表现最佳。他们的成果一般是公式和理论。有发明天赋的人常常承担起这样的任务:运用思想/创造型性格的人的工作成果来找到针对实际问题(包括生态、社会、教育、政治或生物领域)的方法和解决方案。

阿尔伯特·爱因斯坦、巴勃罗·毕加索、迭戈·里维拉、斯蒂芬·霍金、阿尔文·艾利、艾米莉·狄金森、拉尔夫·沃尔多·爱默生、亨利·戴维·梭罗和玛雅·安吉罗等都是思考/创造型性格的典型例子。

思考/创造型性格的孩子在教室里往往很安静。当老师叫他起来回答问题时，他可能还在全神贯注地思考问题，然后突然回过神来。老师讲课时，他可能会信手涂鸦，或者呆呆地望着窗外。因此经常受到老师"要注意听讲"的告诫。这些孩子通常不会在教室里掀起波澜。他们能够长时间自娱自乐，往往给人一种独自忙得不可开交的感觉。他们中一部分被视为习惯退缩或害羞，另一部分则喜欢在老师面前尝试表达自己的想法和论证自己的观点。

父母有时会对思考/创造型性格的孩子忧心忡忡。我听到最多的问题是"一个孩子花那么长时间独自玩耍正常吗？"有些孩子沉浸在错综复杂的幻想世界里，这对他们的父母来说似乎太难以接受了。另一个常见问题是"孩子长时间与现实脱节，这样对他们好吗？"实际上，兴趣浓厚、长时间持续关注某一特定事物以及幻想丰富是思考/创造型性格儿童的正常特征。但正因为他们的这些特征，有些孩子往往被贴上了注意缺陷障碍的标签（有关这方面的更多信息，请参阅第十二章）。

用"创造"一词描述思考/创造型性格最为恰当。这种性格特征的潜台词是贡献新想法、帮助他人以全新的方式看待事物。

学习特点

思考/创造型性格的人更喜欢本质上富有创造性、包含艺术或哲思提供美感且符合美学有艺术表现力的学科和活动。要给他们提供大量想象、思考、幻想的机会。当提供的教学材料和教法使他们有足够的时间独处，尤其是学习过程中涉及艺术或创造性过程时，他们会取得最佳学习效果。

偏爱的环境

思考/创造型性格的人需要有能够让他们"逃离"的空间，他们可以进行设计、创造、写作、构思或思考。如果为他们创设一个鼓励思想开放和好奇心，以及允许不预先安排时间来涂鸦或幻想的氛围，他们会表现得尤为出色。有些人极为珍惜欣赏艺术、进行学术讨论或阅读文学作品的机会。

贡献

思考/创造型性格的人富有创造力、懂得审美、开放率真，他们富有想象力，善于观察，富有哲思。他们为思考、想象、写作、构思，以及美学和艺术做出了巨大贡献。

提升空间

思考/创造型性格的人通常对严格的时间表、团队互动或完成项目兴趣寥寥。如果他们参与了一个创意项目，他们可能会忘记约会。他们可能会迷失在幻想里，或者过于专注于自己的工作而忽略了周边的人。当他们的行为被解释为情绪化或不考虑他人的计划和感受时，人际关系就会受到影响。针对这类性格的人的成长计划是，鼓励他们学习提前制订时间表或计划。对思考/创造型性格的孩子来说，制作图文并茂的表格和讨论任务的价值是使事情变得更有意义的绝佳方式。

关系冲突

思考/创造型性格的人对想象力或哲思的渴望往往容易被忽视。他们认为，自己想要贡献新想法的意愿被他人误解了，因为其他人认为他们毫无逻辑、冷漠、古怪且没有责任感。

当这种性格的孩子所做出的积极贡献得不到认可时，他们将会变得沮丧、孤僻。他们倾向于创造属于自己的世界，尽量避免与他人互动。作为成年人，除非他们拥有强大的关系/激励型或表演型次要性格，这些人可能会保持沉默，以避免被拒绝。对这些孩子而言，学习互动技巧，并将思考/创造型性格融入日常生活是至关重要的。

理想课程

文学、诗歌、艺术和戏剧都是富有创造性且允许个人充分思考、发挥想象力去表达自我的学科。创造性表达的技巧包括通过绘画来理解数学概念，或者通过写诗来记住历史事实。边听音乐边读书、边涂鸦边听演讲，或者在安静的自然环境中做功课，这些都属于满足该性格类型孩子对美学和美感需求的活动。

这种性格的人喜欢那些需要他们去构思、构建、设计、创新推导公式、发明、可视化、创造性地写作、组合、类比、发散和创造类的活动。

家庭作业帮助

- 鼓励一边学习一边绘画或涂鸦。
- 在备考时，尝试播放不同风格的乐曲作为背景音乐，巴洛克风格的音乐特别适合帮助孩子集中精力。
- 提供安静独处的时间和空间。
- 鼓励孩子通过绘画或写诗来理解一个概念、总结一节课或一本书；建议采用写歌的方式或用熟悉的旋律记录信息。
- 鼓励学生在备考时用图片来做思维导图（参见第六章）。

- 征得老师同意，允许用海报、拼贴画、诗歌或其他艺术形式来代替书面报告。

激励因素

当思考/创造型性格的人因为富有创造力、充满艺术细胞、思想开放且善于观察的特性得到认可而备受激励时，他们也会因为有机会从事创意项目、有机会独处，有机会展示自己的作品或得到认可而受到高度激励。

> 伟大的雕塑家罗丹的父亲曾抱怨自己有个白痴儿子，罗丹的叔叔对他的评价则是"孺子不可教也"。

思考/创造型性格资源推荐（注：本栏目为译者本土化资源）

	输入资源推荐		内化活动推荐		输出策略		提升指南
语言类	"Oliver Jeffers"系列、"巴巴爸爸"系列、"哈利·波特"等魔幻类、郝景芳通识课（喜马拉雅）、童行学院APP、艺术史、自然、诗歌类	放松方式	冥想、白日梦	艺术类	艺术作品、诗歌、音乐或舞蹈作品、创意写作		时间管理、制作表格和思维导图
数学类	"李毓佩数学故事"系列、珠心算	艺术	绘画、素描、雕塑、参观博物馆美术馆	项目研究	主题项目作品集、研究报告		讨论任务的价值
科学类	参观美术馆、博物馆、Tinybop探宝1-18（APP）、"抽象（Abstract）"系列视频、丽娟艺术机构、STEAM课程、code.org网站	展示方式	日志、日记、深度访谈、思维导图				

第五章

天赋：我们与生俱来的礼物

天赋经常被视作一种理所当然的存在，我们每个人都有自己独特的天赋组合。

人跟人之间的天赋截然不同，这就好像你的另一半或同伴，她（他）喜爱跳舞，想学国标，但你却是"完全踩不到点儿上"，对跳舞提不起兴趣；或者你所在的小组想要来一曲合唱，但你偏偏五音不全。在学校里，我们的孩子每天都面临着类似的挑战。虽然他们天资不同，但却必须聚在一起，一个学科接着一个学科地学，他们的天赋不同，对这些课程学习的能力相差很大。英语课可能会让你的孩子大放异彩，但是数学课则可能让孩子胆战心惊，手心出汗。

天赋很大程度上是遗传的，但也可以通过后天持续的训练习得。你可能听过这样一句话："成功源于百分之九十的汗水加百分之十的灵感。"举例来说，一些音乐天赋卓然的人并未能将自己的天赋发挥到极致，在音乐事业上大放异彩；但有一些非常勤奋的人，尽管他们音乐天赋平平，但却成就斐然。

与生俱来的天赋使得我们在学习某些学科时显得很有技巧、很轻松，甚至当这个学科过于简单时，可能会提不起兴趣或感到无聊。这样提不起兴趣、总感到无聊却又成绩拔尖的孩子往往会被贴上"天才"的标签，比较适宜选择一些为他们量身打造的、极具挑战性的课程。还有一些孩子则不符合"天才"的标签，由于对学习不感兴趣，他们可能会辍学，依靠自己的才智去选择人生。这些孩子中有许多人在艺术、幽默、表演或其他能力方面天资卓然，但这些能力并不单纯是在课堂上培养的。

对于孩子与生俱来的天赋，我们心怀感激，但是成年人往往无法正确解读和对待孩子的这些天赋，尽管他们用心良苦。父母的以下两种做法常常会严重阻碍孩子天赋的发展：①强迫孩子培养父母眼中所谓的"天赋"；②不鼓励孩子发展自己真正感兴趣的天赋。

到底是谁的天赋？

父母经常以异乎寻常的热情和自我牺牲精神来鼓励孩子发展自己的天赋。

即使孩子对足球、芭蕾或钢琴不感兴趣，父母也会坚持带孩子去上课并继续练习。你可能和我认识的那些妈妈一样，每周花二十多个小时让孩子四处去学习各种才能。如果这是孩子们真正喜欢做的事，我还能理解这一点。然而，哄着孩子去追求他们并不感兴趣的天赋，到底是出于什么目的呢？父母们总是把这样的话挂在嘴边："等你长大以后，就会明白父母的用心良苦，就会感谢父母一直以来的坚持。"这让我想起了"不能因为别人做得不对自己就有理由也犯错"的理论，事实上这样的理论并不成立。持续多年的痛苦和唠叨真的有可能会在一个不确定的、遥远的未来产生令人愉快的结果吗？

孩子们对父母喋喋不休的唠叨和说教大都充耳不闻。年轻人主要是受兴趣驱动，而不是天赋驱动（我们将在下一章详细讨论兴趣话题）。

"我家孩子已经学了两年的单簧管，结果现在不想继续学了，怎么办？"你可能会对此感到疑惑。"他现在才刚刚真正摸到门道，如果就这么放弃，是不是太可惜了？"如果你决定把自己的意志强加给孩子，从长远来看，弊大于利。可以肯定的是，在短时间内，你每天都必须利用家长的身份来强迫孩子去学习。你真的想这样对待自己或孩子吗？如果真的是这样，家长们感到压力过大，身心俱疲也就不足为奇了。如果你正面临这样的问题，不妨问问自己为什么要去强迫孩子。

你想成为哪类人？

不鼓励孩子追求天赋和鼓励孩子按家长的意志追求天赋都是错误的。

如果你的孩子，像我的学生一样有惊人的滑雪天赋，想成为专业滑雪选手并参加奥运会，你会怎么想？作为家长，你的期望是你的女儿应该完成她所有的家庭作业，取得优异的成绩，拥有"正常"的社交生活。但与此同时，她正在为参加奥运会做准备。这时，你的期望，不管有意或无意，都会成为孩子追梦旅程上的绊脚石。在这种情况下，不妨正视现实，调整期望值，将孩子对滑雪的热爱变成你期望的一部分。

对孩子来说，每门功课都得 A 的意义，不像对你来说那么重要，如果你能灵活一点，你的孩子可能会以意想不到的方式成长。

此外，有运动天赋和接受训练的孩子通常没有时间结交朋友；这对他们来说很正常。你定义的社交生活可能包括参加毕业舞会、参加足球和篮球比赛，以及和朋友一起看电影。如果你期待有望参加奥运会的女儿有"正常"的社交生活，你可能会非常失望和沮丧。当家庭作业与女儿训练的时间发生冲突时，你可能会想办法让孩子的家庭作业变少一点，这点可以与孩子的老师商量后决定。如果你认为孩子正在充满热情地追求自己的天赋，那么功课上得 B 和 C 是可以接受的吗？如前所述，"不要单纯凭借钟形曲线来定义你的孩子！"

如果你很难改变自己的期望来支持孩子的天赋、希望、梦想和他对自己的期望，那么你应该找出原因，即为什么你需要孩子以特定的方式行事。

注意你对"应该做什么"以及怎样做才"正确"的那些看法。如果这些词在你对孩子说话或你自言自语时不停出现，那么你需要停下来整理一下思绪。如果你愿意仔细思考为什么这些期望对你如此重要，可能你会收获更多。也许你过去的一些想法一直在困扰你，在你耳边不停地小声说着："你本该那么做"，所以当你有了孩子,你便试图确保他以"正确的方式"来行事。

12 种天赋

符合以下标准便可定义为拥有某一项天赋:

① 孩子做起来非常轻松,自然而然就学会或完成;

② 在没有事先指导的情况下,它们让孩子在某个特定的学习领域立即"领先"于他人;

③ 未开发时处于静止状态,但就算不使用也不会消失;

④ 不管是否有意识地发展和使用,它们都有潜在影响(例如,音乐才能让舞蹈更具节奏感)。

天赋可以是活跃的,也可以是静止的。它们可以是已知的,也可以是未知的。事实上,别人往往比我们自己更清楚我们有什么样的天赋。天赋与 D-TIME 天赋测评的其他两个方面——兴趣(见第六章)和性格(见第四章)密切相关。

人的许多属性可被称为天赋。D-TIME 天赋测评中包括 12 个天赋领域。这些是非正式分类,在大多数人身上都能不同程度地观察到。D-TIME 天赋测评中涉及的 12 种天赋是:音乐、数学—逻辑推理、机械推理、语言逻辑、艺术/视觉/空间、运动协调、与自我沟通、与他人沟通、与动物沟通、与自然沟通、幽默感和提升生活品质。

你可能会对其中的一些类别感到惊讶,也许你以前没有把它们当作天赋。天赋体现在很多不同的方面,所以发现尽可能多的天赋至关重要。毫无疑问,还有其他天赋未能包含在此测评中。我们鼓励你尽可能多地观察孩子们独特的与生俱来的本领,并把它们当作天赋来看待。

关于天赋,最令人惊讶的是,我们可能在某个特定领域很有天赋,但却对它毫无兴趣。我一个好朋友的女儿在标准化测试中,满分 100 分的数学试卷,她考了99分，但她却没有任何学习数学的欲望。因为学习数学对她来说挑战不够大，无法引起她的兴趣。她更喜欢表演和舞蹈，这也是她正在学习的科目。她的父母也接受她学习一些"不太实用"的科目，这样做使女儿感到更满足，他们与女儿之间的关系也变得更为亲密。

有时，孩子会非常有兴趣，也很乐意去开发天赋。在这种情况下，孩子的天赋会让他有不一样的人生追求。

如果换一种教学方式，那么孩子们将在他们天赋的引领下开启他们的学习生涯。换句话说，每个孩子都会专注发展他感兴趣的特殊天赋领域，而其他学科也会被融入这些天赋领域中！

这让我想起了一个棒球天赋极佳的11岁男孩。他每天想做的就是观看比赛、打棒球和思考与棒球有关的那些事儿，对阅读、写作、数学或历史毫无兴趣。在咨询师格雷格·H的想法启发下，我们为他量身打造了学习项目，把教育目标和他的棒球天赋结合起来，综合培养他在阅读、写作、数学等所有领域的技能。起初，我们大声给他朗读著名运动员的传记故事。后来，他开始自己阅读。再后来，他把这些故事讲给亲戚朋友听，他甚至还写信给那些他崇拜的棒球明星。他把自己最喜爱球员的生活做成了一张时间表，并把它与国家和世界大事联系起来。他用收集的棒球卡做了一张各种比赛的统计图表，并对它们进行比较和对比，从而学习计算平均数、百分比和比率。

他跟随自己最喜爱的球队走遍美国和世界各地，他通过在卧室墙上挂着的世界地图上插大头针的方式来学习地理知识。各种不同的投掷距离和速度让他开始接触物理知识，他还学会用图表来解释这些概念和原理。

正如上面的例子所示，虽然未曾向这个孩子提到要学习阅读理解、算术、科学、历史或地理，但孩子却开始主动探求相关信息，分享他对发现新鲜事物的惊奇、思考、结论，并借此为跳板来收集更多的信息。

另一种能在课堂上培养天赋的方法，是设置以天赋为基础的学习区。两年前，我帮助一位幼儿园老师，为她的班级设置了相关课程。第一个月，学习区针对的是本章列出的 12 种天赋中的 6 种，学生们轮流去学习。第二个月，学习区的主题换成了另外 6 种天赋。学习区的内容每周都有变化。一个女孩选择将大部分时间投入在艺术/视觉/空间天赋区，一个男孩不断地被音乐天赋区吸引，还有一个男孩则对与自我沟通学习区的练习很感兴趣，他会尽可能多地花时间练习。

许多年前，我访问过华盛顿州的一个六年级示范教室。根据霍华德·G多元智能的各个理论，教室设置了对应的学习区。这些多元智能理论与本书列出的天赋大致相似。学生们定期轮流去各个学习区。老师也针对各个学习区安排不同的任务，并要求学生在相应的学习区里完成；但是，如果学生们对学习区的某项任务特别感兴趣，老师也会给他们预留充足的时间去发掘。这位老师告诉我，一开始，他们班接收的学生大多不太守纪律或者成绩在中等以下。但是经过几周的教学，所有学生都取得了显著进步，已经无法分辨出哪些孩子之前曾有过学习障碍或人际交往障碍。

以天赋为基础的学习区确保孩子们尽可能多地接触到各种各样的天赋领域。当孩子们达到一定的水准，他们会学习新的技能，并可以深入学习。在这种情况下，是无法得出谁比谁聪明的判断的。因为孩子们可以走来走去、互相交谈、彼此协作，这种情况下，课堂行为问题出现的概率也会大大降低。所有的学生都以自己的方式，按照自己的节奏参与到学习过程中。

除了引导孩子进行职业选择之外，天赋还可以用来帮助孩子在学校学有所成。认真思考这 12 种天赋，你会学到如何利用孩子的天赋来帮助他（她）完成功课。但请谨记，这些天赋是上天赐予孩子的特殊礼物。当孩子对某种天赋感兴趣，在学习之余，也请记得承认并鼓励这种天赋本身。

天赋是一个起点，可以让孩子感觉自己有能力和充满自信。让我们再次以那个棒球天赋惊人的 11 岁男孩为例。设想一下，如果他是你的儿子，他不喜欢学校，他在学校备受打击或毫无自信。如果你愿意支持他的天赋，并以此为基础展开许多不同的阅读、写作、数学、地理和历史活动，孩子就会开始觉得自己在某个领域很有能力。有了能力，他的信心就会提升，新的技能和成就感也会让他乐于参与学校的活动并获得良好的表现。你越肯定和支持孩子感兴趣的天赋领域，从而促使孩子在学业上有所成就。他们就会越愿意参加那些他在家里或学校里本不太愿意参加的活动。

音乐天赋

音乐天赋表现为演奏乐器、唱歌、哼唱、吹口哨、欣赏音乐、打拍子或记忆歌曲的技巧。它还可以表现为对不同类型的音乐、不同的乐器、和声等具有鉴赏力。在青少年时期，对音乐的兴趣可以表现为乐于收集和聆听 CD 及磁带。

美国的许多中小学把音乐课程都取消了，这不利于孩子的全面发展。在加拿大，部分学区已经通过了新的法案，要求所有的孩子在小学毕业前创作一首原创歌曲。但是，在美国，如果家庭没有相关音乐活动，许多孩子压根没有机会意识到自己具有音乐天赋！

作曲家、音乐家、声乐家、指挥家、编曲家和词曲家都具有音乐天赋。

利用天赋来学有所成

有音乐天赋的孩子通过音乐学习。一般来说，这类孩子可以通过吟唱含有学习内容的歌谣，快速轻松地记住大量信息（这就是我们学习 26 个英文字母的方法，一些成年人甚至仍然需要吟唱字母歌去回忆正确的字母顺序！）托儿所和幼儿园经常使用这种技巧。

人们还发现，伴着背景音乐的节奏来阅读可以大大强化我们的理解力和记忆力。克里斯·B和唐·C是《学习节奏》(Rhythms of Learning)一书的作者。他们认为，古典音乐似乎效果最佳，尤其是巴洛克音乐，因为它的节奏与人类的心跳相似。

这些方法有助于提升大多数人的学习效率，对于有音乐天赋的孩子来说，这些方法发挥着非常重要的作用。在家里，我们可以尝试让孩子通过唱歌记忆或伴着音乐读书。另外，老师也可以考虑一下，不给学生布置书面作业，而是安排其他的任务，比如就某一报告主题写一首歌，或者通过唱歌来演示信息记忆（例如，部分演讲、词汇定义等）。

数学—逻辑推理天赋

具有数学—逻辑推理天赋的孩子会在传统的教育环境中表现良好。他们能迅速理解背后的数学规律，很容易记住乘法表等数学知识和公式，并能快速地做完练习册和限时测验。

有些学生的数学天赋表现在他们能够解决计算机问题，做逻辑推理，了解电路，理解足球传球或滑板时的加速度、角度和推力等数学概念。但是这些学生中有许多人不擅长死记硬背，不愿意重复做题，也很难记住乘法口诀等数学知识，在处理数字时也不准确。

举例来说，我一位朋友的丈夫可以在脑子里做复杂的十进制计算，但他不能使用支票，因为他在做加减运算时很容易出错。不幸的是尽管这些孩子在数学方面的能力可能远远超过那些功课得A的孩子，老师和家长们却会错误地得出这些学生"并不擅长数学"的结论。如果有机会根据孩子D-TIME天赋测评的结果来学习，那么这些孩子们也能够去探索复杂的数学概念。

科学家和数学家都是具有数学—逻辑推理天赋的人。映入我脑海中的有两个人,一个是乔治·华盛顿·卡佛(教育家、农业化学家、植物学家),一个是阿尔伯特·爱因斯坦。与钱打交道、设计实验、下国际象棋或跳棋以及绘图、设计、建造等技能都会涉及数学—逻辑推理。

利用天赋学有所成

如果孩子在数学—逻辑推理方面有天赋,但却不擅长处理数字,那么相较于死记硬背的作业,他会更加擅长解决"日常生活"中的数学问题。为了帮助孩子掌握数学(计算)技巧,可以使用诸如《触摸数字》(*Touch Math*)这样的数学课程,适合3~8岁年龄段的优质课程,比如数学思维课程,都是这类贴近生活的数学资源。《操作原理》(*How Things Work*),或者模拟城市(*Sim City*)这类的应用,帮助孩子探索几何原理和学习其他数学概念。建议老师允许学生使用其他作业形式来代替标准练习或家庭作业,这有助于让学生发挥自己的天赋来学习数学。

机械推理天赋

你家有人喜欢修理东西吗?或者只是喜欢把它们拆开再装回去?当割草机出现故障或打印机卡纸时,我们中的许多人都希望有这样的人出现。机械推理天赋是一些人热衷于发明、自己做东西和弄明白工作原理背后的驱动力。有些人通过保养汽车、维修计算机或修理家用电器来显示他们在机械推理方面的天赋。另外一些人则可以操作任何一种想象得到的机器,就好像他们是经年老手。

儿童读物《万物运转的秘密》(*The Way Things Work*)的作者戴维·M就极具机械推理天赋,水管工、电工、建筑工和机械操作工也是如此。

利用天赋学有所成

拥有机械推理天赋的孩子在课堂表现方面并不突出,老师们也不会认为他们很聪明。

这些孩子通常动手能力很强,动/触觉学习风格无人能及(学习风格将在后面章节中详细讨论)。我们要赞美这一天赋,并让孩子尽可能多地运用天赋,这点很重要。举例来说,假设历史课的主题是古代文明。然后班上有一个很容易理解水渠工作原理的孩子,他可以做一个项目并展示给全班同学看。通过这个项目,他可以了解到这个时期的其他细节,而这些内容通常无法通过简单地阅读课本或通过听讲座获得。如果他的项目得到老师和同学的认可,他会觉得自己非常有能力。如果无法将这种天赋融入学校的课程中,那就想办法在家里融入,时不时地认可孩子的这种天赋,让孩子感觉备受重视。孩子在做作业或者理解概念遇到困难时,我们也要想办法利用孩子的天赋。

语言逻辑天赋

语言逻辑天赋包括两部分:熟练运用词汇和强大的语言逻辑能力。语言逻辑天赋者可能只在一个方面能力出众,也可能在两个方面都能力卓然。

文字方面的天赋表现为很善于玩拼字游戏或其他词汇游戏。这种天赋和兴趣可能会在使用字典或做填字游戏时展示出来,你见过有人收集词汇演变史的书籍吗?这样的人肯定具有语言逻辑的天赋。语言逻辑天赋可以表现为拼写、朗读、讲话、讲笑话和说故事、记忆人名和事实或者学习词汇和外语的技能。

这种天赋在日常生活中表现为阐释想法的能力,把东西讲出来;讨论选择的利弊;制订计划、大纲和清单;写散文、写故事,甚至是写诗。对于那些具有语言逻辑天赋的人来说,这些技能似乎是与生俱来的。任何需要使用语言的项目或活动，对这种人来说都轻而易举。他总是能听懂笑话、理解要表达的内容和听懂要点。这种人能在短时间内轻松地明白双关语、反讽、拟人、暗喻、明喻和象征。有这种天赋的人往往在传统的学校环境中表现优秀；但是，当他们的能力远超同龄人时，适合其他孩子的教材对他们来说就没有挑战性了。特别是，如果他们性格外向，这些孩子很可能会被贴上"无所不知""聪明过头"或"古怪"的标签。

诗人、作家和外交家都在语言逻辑方面天赋卓然。

利用天赋学有所成

有语言逻辑天赋的学生通常习惯用文字来思考。他们懂得语言、语法和词性；造句对他们来说是有意义的事情。由于学校关注这些技能，课堂上通常有很多活动可以利用这种天赋。大多数作业，包括家庭作业，都涉及语言逻辑能力。通常，有语言逻辑天赋的学生很容易得到认可和表扬。

艺术 / 视觉 / 空间

有艺术 / 视觉 / 空间天赋的人通常有以下特长：绘制或临摹 / 设计图片、绘画、图片式思考、记住所见、知道东西放哪儿（包括自己所在的位置）。他们有时会在课堂上涂鸦，有时在家庭作业的页边空白处涂涂画画。有艺术 / 视觉 / 空间天赋的人擅长拼图或迷宫游戏，并且在一个新的地方能够出于本能找到正确的道路。不管身处何处，这些人都能分清东南西北。万一直觉失灵，他们还擅长看地图和图表。有这种天赋的孩子能够在脑海中看到图像，并旋转图像，这样他们就能看清图像的各个方面。

建筑师、绘图员、工程承包商、视觉艺术家，包括房屋油漆工和室内装潢师都有这种天赋。

利用天赋来学有所成

有艺术／视觉／空间天赋的学生通常在视觉学习风格方面表现突出。想要理解概念和记住更多的信息，这些学生需要查看图解、图表、图形和图片。如果学校不提供视觉形式授课，我们可以在家里通过模型、视频、光盘和其他视觉材料来补充相关知识，这将有助于孩子们学习学校里教授的科目。

如果孩子擅长画画，可以建议他在课堂上做图片笔记（先和老师就此交流，以免老师认为学生没有专心听讲）。同时，鼓励孩子们涂鸦和"画出来"，加强他们的理解和记忆。这一方法还可以应用到数学应用题、历史、科学实验或任何主题研究中。可以尝试建议老师接受其他类型的作业，比如展板、拼贴画、图纸，甚至是自制的视频。

运动协调天赋

在大型运动技能方面，喜欢或擅长远足、骑车、滑冰、滑板、滑雪、游泳、跳舞或任何运动的人都有运动协调天赋。这些人展示了做复杂物理计算的能力，因此他们可以确保精准传球、滑板跳跃和展示其他运动特技。这种天赋也可以表现为打字、缝纫、锤击、锯木或制作模型的技能，这些都属于精细运动技能范畴。

课堂上，有这种天赋的学生常常坐立不安；他们的椅子永远不会四条腿着地，往往只依靠后面两条腿保持平衡；他们还会用铅笔在桌子上敲来敲去或是转过身去轻推他的同桌。对于有运动协调天赋的孩子而言，坐着不动是巨大的挑战。一直以来，课堂上最让老师感到头疼的就是具有这种天赋的孩子和动／触觉学习风格的孩子。

运动员、舞蹈家、建筑工、手工艺者、针线工和裁缝都有这种天赋。

利用天赋学有所成

针对有这种天赋的学生，我们可以用各种方法来帮助他们学习和完成家庭作业。在运动时，这些学生通常能更好地理解或记忆信息！运动让他们专注于当前在做的事情。这些学生可以在打篮球、跳房子、跳绳的时候增加学习记忆等。

举例来说，把乘法口诀或其他信息记录在卡片上，然后把它们铺在地上，在每张卡片上拍球，背出口诀，然后投篮！一边慢跑或散步，一边听有声书或录下的课本中的某个章节，这种学习方式怎么样？

在学习某一特定科目时，可以建议老师给学生们布置备选的作业提交方式，比如制作模型、做针线活或制作某一物品等。学习时间概念的孩子可以缝纫或制作一个大钟。学习行星知识的学生可以建造一个模型来显示行星之间的关系。对于地理的学习，喜欢锯子和锤子的孩子可以"建造"书本中的一座城市或国家。即便是学习数学概念和公式，我们也可以通过缝纫和手工项目或大肢体运动来帮助孩子们理解。尽可能多地在家里进行这些活动，帮助孩子以适合他的方式获得技能和学习学校要求掌握的知识。

自我沟通天赋

具备自我沟通天赋的人通常喜欢独处。事实上，由于他们高度重视独立性，他们甚至可能选择隐居。他们往往会对自己进行深入探究，也很容易理解自己的动机和愿望。这些自省的人很清楚自己的观点，他们中的许多人也非常乐意分享自己的观点。他们会给人一种全神贯注的印象，而且他们也的确常常如此。这些人往往善于照顾自己的需要。

一些具有这种天赋的人对包括哲学研究、冥想和个人成长在内的自省活动很感兴趣。

利用天赋学有所成

有这种天赋的学生通常善于独处。他能够按照任务列表去学习，制订出最适合自己的日常计划，并完成所有任务。通常情况下，这类学生基本不参加集体活动或班级项目。他宁愿以自己的方式完成自己的事。有这种天赋的人非常关注自身需求，如果学校的安排或者规则干扰到他自己制订的计划，那么他可能会提出异议。例如，如果他认为写作业时间不够，这时偏偏安排了体育活动，那他可能很难全身心地投入到体育课中去，因为他还在想着他的作业。

与他人沟通天赋

拥有与他人沟通天赋的人关注的是社交、交朋友、理解他人，以及在不同程度上让他人感觉良好。这些人在群体中最自在——有些人在小群体中更自在，有些人则是在大群体中更自在。具备与他人沟通天赋的这类人群有一种不可思议的能力，他们可以去欢迎他人、解决争端，并在所有的互动中保持公正立场。

在教室里，有这种天赋的孩子很可能会给同桌传纸条或窃窃私语。对于一些有这种天赋的年轻人来说，和朋友交往是他们上学的主要动机。

具有与他人沟通天赋的人对集体活动、帮助他人、时不时参加社交活动很感兴趣。

利用天赋学有所成

有这种天赋的学生，当他们身处一个团队或者与他人合作时，往往学得最好。一些老师会分组教学，这样学生们就可以选择结对学习或小组学习。在家里，对家长来说很重要的一点是：要认识到如果孩子可以与人互动，那么他们的家庭作业和学习任务就很容易完成。如果这个孩子的朋友有同样的天赋，那么家长们可以考虑让他们放学后一起做作业和学习。

与动物沟通天赋

除非你亲眼所见有人确实擅长与动物沟通，否则你很难相信这种天赋的存在。我儿子就有这样的天赋，所以我知道的确有人具备这种天赋。这些人仿佛拥有某种魔力，他们可以与动物和睦相处，可以训练动物、舒缓动物的情绪。他们通常会和动物进行交流，而不是简单地对小狗下达坐下或翻身的指令。他们的这种天赋让动物对他们产生信任，他们也与动物相处融洽。

这些人可以成为出色的兽医、驯兽师、救援人员和饲养员。马语者和一些骑师也有这种天赋。

利用天赋学有所成

如果你的孩子有这种天赋，应该允许他在学习时有宠物的陪伴。如果可能，可拿动物举例帮助孩子理解数学问题或其他概念。选择与动物相关的书籍有助于他多读书。通过学习动物主题，他还可以学到很多有关科学、历史和社会研究的知识。市面上也有一些很棒的多媒体资源，可以让孩子们进行虚拟解剖，并教授孩子很多关于动物解剖学和生物学的知识。制订有关宠物护理和购物的预算可以提升孩子的数学技能，对看兽医、定时接种疫苗和其他相关信息进行跟踪记录也有利于培养孩子的组织和规划能力。

与自然沟通天赋

有这种天赋的孩子很难待在室内。你会发现他们整天待在树上、泥坑里、草地上，他们研究自然现象——光、空气、水或自然界的生物——青蛙、蝴蝶、蜘蛛、蛇或其他小生物。有这种天赋的孩子在室内待着就不自在，不管天气怎样，他们就是需要待在室外。有些具有这种天赋的人既关心自然，又享受自然。他们非常乐于参与回收利用和环境保护等相关活动。

有这种天赋的孩子长大后可能会成为护林员、树木养护专家、救生员，或者从事其他与生态或环境有关的工作。

利用天赋学有所成

有这种天赋的孩子需要尽可能多地接触大自然。如果你家有院子，或者附近有公园、海滩或树林，可以试着让他在这些地方学习。如果有可能，以自然为例，帮助他理解数学问题或其他概念。提供自然类书籍有助于培养他们的阅读习惯。通过学习自然主题，他还可以学到很多有关科学、历史和社会研究的知识。这些孩子经常构想出与生态和环境有关的伟大项目，比如循环利用、植树、发展社区花园等。这些项目也会对数学与写作、口头表达以及组织和规划能力起到促进作用。

幽默感天赋

许多人并不认为幽默感是一种天赋。事实上，许多职业依赖于这一特殊天赋，即便再稀松平常的场景，有幽默感的人也能把大家逗笑。

有这种天赋的人不会因为在别人面前有出格的表现而难为情。他们愿意被"嘲笑"，也愿意以一种有趣的方式"嘲笑"别人。这些人善于恶作剧，他们充分利用愚人节、万圣节和其他任何鼓励大家恶作剧的场合来开玩笑。有幽默感的人常常极善于模仿，有了他们的参与，原本枯燥的活动也会变得非常有趣。

喜剧演员、杂技小丑、幽默作家和漫画家都有把别人逗笑的天赋。

> 查尔斯·舒尔茨（"史努比系列漫画"作者）在高中时有多门学科挂科，他创作的漫画也被杂志社拒稿。他在应聘迪士尼的漫画绘者一职时，也惨遭拒绝。

利用天赋学有所成

我们通常要求学生上课认真听讲，放学后仔细完成家庭作业，但这对于有幽默感天赋的学生而言，真的很难做到。他们希望学习过程要搞笑和好玩，特别是在家里做功课时。这让我想起电影《窈窕奶爸》，当罗宾·威廉姆斯以保姆的身份回到孩子们身边时，他会确保孩子们在做家务和完成家庭作业时乐在其中。孩子们经常停下来做一些有趣的事情，有时他们会把乐趣融入需要完成的任务中。

你的孩子可能用他掌握的词汇造可笑的句子来展现他的机智，他能想出幽默的韵文来记住事件、名字和日期，他可能会创作一个有趣的小品或舞蹈来展示他对一个话题的认知。如果他喜欢看漫画，我们可以用这种方式去提升他的阅读能力。如果他喜欢自己画漫画，可以问问老师，能否接受让他用漫画的形式完成报告。

提升生活品质天赋

在大多数情况下，提升生活品质天赋并没有获得外界的认可。那些厨艺精湛的人，或者那些打造出可爱、宜居、舒适或极具吸引力的地方的人，都有提升生活品质天赋。有些人通过衣服搭配来展现这种天赋。另一些人喜欢打扫和整理空间，但他们的天赋最不被社会认可。从他们孜孜不倦的工作中可以明显看出，这些人致力于为日常生活增加审美价值。

全职妈妈、室内设计师、景观建筑师、厨师、服装设计师、园丁、女佣、泥水匠、家庭油漆工、花艺设计师，以及那些喜欢布置空间和烹饪的人，都有提升生活品质的天赋。

利用天赋学有所成

喜欢烹饪、清洁、装饰、园艺的孩子可以从下列活动中学到很多。烹饪可以帮助孩子学习数学，尤其是分数和测量单位转换。通过烹饪，孩子们可以学到如何制订预算，学会购物和与钱打交道。园艺可以让孩子们学习到数学中有关几何的知识。烹饪和园艺还能够提供有关科学、历史和世界文化的课程。装饰和组织安排可能涉及设计、数学和办公技能。烹饪、装饰或园艺方面的书籍将有助于孩子扩展阅读面。

职业：性格与天赋之间的关系

本章一共列出了 12 种天赋，任何一种天赋都可以通过 5 种性格中的任何一种得到展现。天赋通过性格得以呈现，为未来职业指明方向。

父母当然关心他们的孩子长大后从事何种职业。有时，当我在遥远的地方旅行时，我会遇到新朋友，他们的谋生方式深深地吸引着我。我生活所在地的职业女性网络也拓展了我的视野，让我看到生活中有很多富有创意的事情可以做。

职业预测表（见附录 3）可以作为工具，帮助你拓展思维，思考出更多可行的谋生手段或者职业选择。

当你看到有那么多的职业机会时，我希望你能意识到，你的孩子将在更宏伟的计划中找到自己的位置。12 种天赋与 5 种性格相互作用，产生 60 种职业类别，这点在职业预测表中一目了然，对于各种天赋和性格特点的人给出了适合从事的职业。这项职业类别梳理工作有待一直更新下去，它可能永远都不会完成，因为职业种类的可能性只受限于想象力。

下面是一个职业预测表发挥作用的例子。一个有表演型性格、在音乐方面天赋异禀的人可能是钢琴演奏家、歌手、指挥家或管弦乐队的成员。天赋和事业之间通常关系紧密，比如我们会说："艾莉森在音乐方面很有天赋，我想她会成为一名小提琴手。"得出这样结论的依据是，音乐天赋是用来表演的。有趣的是，并非所有在音乐方面天资卓然的人都会成为演奏家。有些有音乐天赋的人拥有生产型性格特质，这些人可能成为音乐会的赞助者、门票的销售人员，或在合唱团、管弦乐队或歌剧团体做行政工作。还有一些音乐天赋和关系/激励型性格结合的人可能会成为音乐老师。有些发明型性格的人同时具备音乐天赋，他们可能会制作乐器。一个有思考/创造型性格的人可能会谱写原创音乐。

虽然 D-TIME 天赋测评可用于职业选择，但它并不能作为找工作的工具。使用这张图表去讨论某些职业范畴，以及某些职业要求的技能、天赋和兴趣大有裨益。它的主要目的是使人们认识到年轻人面临的选择其实很多。

父母们常对孩子们说，相信孩子可以追求自己的兴趣、天赋、目标和激情，现实中这既不理性，也不公平，因为不是所有人都能找到契合的工作。

在教育的天赋教养模型中，我们鼓励大家去发展他们热爱的事情，如果不能作为事业，也要在业余时间以极大的热情实践它们。

丰富的课外活动可以让你在工作时感觉良好。如果我们都能保有自己的兴趣、天赋、目标和梦想，谁知道世界会变成什么样子呢？

了解天赋在不同性格中的多种表现方式后，在规划谋生手段、事业前景和兼职职业时，就会有更多选择。孩子会找到一种方式去展现他在现实世界中的独特性，也会更加信心十足。

第六章

兴趣：很容易被忽视

　　一部分家长对天赋和兴趣测评揭示出的新信息惊讶不已，也有一部分家长认为测评的意义不大，因为天赋和兴趣是最外露及容易观察到的 D-TIME 天赋测评的特征。如果你属于后面这种情况，那请你多点耐心。

　　在你阅读本书的其他章节时，你会学到许多有助于孩子学习的技巧，相信你也会找到发现孩子天赋和兴趣的新方法。另外，请你告诉孩子，你非常重视他们的天赋和兴趣，因为你是在尝试了解他们，而不是假设你已经知道了！

　　兴趣是最容易接触到的，也是学习者画像中最容易观察到的内容，因为它们时常在孩子的脑海中闪现，是孩子们经常念叨的东西。

　　大多数人将兴趣和天赋以一种奇怪的方式混杂在一起，孩子们忙得像个陀螺，但这并不能满足他们追求兴趣的需要。父母希望孩子们能够开发出那些显而易见的天赋，但孩子们却想要追求自己的兴趣。

　　当我们把兴趣与天赋区分，并将兴趣看作孩子在学习者画像中的有效表达时，兴趣本身会向我们提供非常重要的信息。如果你对这个主题有一定的了解，你甚至可以减少开着车带孩子上各种培训班的时间。当孩子们追求兴趣时，他们神态专注、精力充沛而且热情洋溢。因此不难理解，为什么孩子们在做不感兴趣的家庭作业时，都会瘫坐在课桌前。

　　追求兴趣有助于孩子平衡日常的学习压力。大多数在校儿童都在尽力满足外部标准,并严格遵守学校为他们制定的规则。让孩子们自行选择参加业余活动,不仅有助于他们恢复精力,而且对他们身心健康也至关重要。

很明显,培养兴趣有诸多好处,但许多成年人并不清楚他们自己有什么样的兴趣爱好。或者即使他们知道,也没有时间来发展兴趣。

追求兴趣是健康生活的重要组成部分。

兴趣并非天赋

兴趣并不是天赋。遗憾的是,如果没有意识到两者的区别,仅仅根据对孩子天赋的快速测评,父母就会告诉孩子他们"应该"对什么感兴趣。

你是否曾经这样告诉过自己的孩子,他"应该发挥自己的潜力",或者他"应该"成为一名歌手或作家等。孩子们是受兴趣驱动的,他们通常不知道你在说什么。除了善意地引导孩子开发他们的天赋,你还需要认真倾听孩子的兴趣,这样你才能有机会以独特的方式去培育他们的天赋。

有时,孩子的兴趣与天赋相辅相成,有时两者并无关联。预设孩子"应该"对什么感兴趣会让他们产生逆反心理,甚至会引发孩子的不断反抗。最好的办法是将培养孩子天赋与尊重孩子的兴趣放在一边,全力支持孩子的兴趣。事实上,你对孩子兴趣的参与程度,取决于你愿意为孩子的兴趣花多少时间、投入多少金钱和精力。

优先考虑兴趣

短期兴趣

就像我们购物时试穿衣服或鞋子一样,孩子们也在尝试各种想法。对他们而言,想法能迅速转化为兴趣;因此,短期兴趣往往频繁变化。

事实上，你在试图理解孩子们不时冒出点子的过程中也会举棋不定。当孩子们把短期兴趣都列出来，即使不是那么重要，我们也不能置之不理。和你的孩子讨论这些短期兴趣，有助于你更好地了解孩子的想法。问问你的孩子，如果要支持他的兴趣，你需要做些什么。

基于你所了解的信息，你可以自行决定以何种方式参与孩子的兴趣爱好，或者权衡是否要参与。要注意一点，在孩子的短期兴趣上花太多时间可能会导致你没有足够的精力满足孩子的长期兴趣。

长期兴趣

长期兴趣通常需要付出更多的时间和精力。这些兴趣是否真的可以长期坚持下去并不是最重要的，重要的是孩子有着急切的渴望。成人应认真对待孩子的长期兴趣，并想办法给予帮助。

不少家长喜欢早早接手孩子的兴趣，告诉孩子每一步应该如何做，这让孩子难以拒绝。毕竟，对于年龄很小的孩子来说，他们并没有明确的主导意识，只能选择被动地顺从家长的安排。

我们倡议，在保证安全的情况下，尽量让孩子起主导作用，让孩子在这个过程中更加了解自己，毕竟这是一个学会做出决策的过程，孩子将收获获取信息的能力，切身感受到做出承诺并坚持下去的决心，以上这些都是千金难买的宝贵经验。

长期兴趣（指坚持六个月以上时间）可能还会推动孩子天赋的开发。有一点可以确定，如果你的孩子追求某种兴趣超过六个月时间，而且那个兴趣并不是与生俱来的天赋，那他很可能正在开发一种崭新的天赋领域。

连续六个月每周都练习踢足球的孩子正在不知不觉地学习着新的本领。这种本领可能是如何发挥团队作用，而不是如何运球。也可能是如何坚持不懈，而不是如何获得高分。我们并不总是了解孩子选择追求某种兴趣的原因。这时，父母从旁默默观察、倾听孩子的想法、努力了解孩子，便是给孩子们提供的最有价值的支持。

如果你习惯于掌控一切，你可能不太能接受让孩子忠于自己的兴趣。其实，帮助孩子追求兴趣并不是强迫他们在舞蹈课上表现最好，或者在孩子不喜欢的前提下，确保他们"坚持"参加足球训练。我们说的帮助孩子，是指要给予孩子最大的支持。

参与人类问题

要意识到孩子们有参与某种人类问题讨论的需求。家长们需要长年倾听孩子们饶有兴趣地谈论各种各样的问题——从"拯救鲸鱼"到"种植树木"。有些孩子热衷于参与现实生活中的问题，那为什么不支持他们呢？这些人类问题就是孩子们兴趣的体现：孩子在更宽泛的社会问题中，去积极促成那些他们真心在乎的事。

作为家长，想办法弄清楚孩子们想要参与的人类问题，与孩子共同交流，给予鼓励是尊重孩子的方式——也是一种回馈社会和世界的方式。当然，并非所有孩子都对此感兴趣，所以如果你的孩子对此类事务不感兴趣，你也大可不必担心。

孩子关注并参与的社会问题，可能涉及生命体，也可能涉及非生命体。一位热爱动物的高中生是圣巴巴拉一家儿童动物园的驯兽师，另一位学生是天生的马语者，他除了在当地磨炼技能外，还周游各地，拜师学艺，进一步学习与动物沟通的技巧。有两名学生担心当地不尊重警察的现象日益严重，因此计划在当地举行活动，倡导当地居民表达对警察的尊敬之情。许多学生以小组为单位协同工作，共同关注全球生态问题和世界和平。

参与人类问题有利于孩子成长，同时行动的意义和价值也带给孩子益处。当孩子为了自己喜爱或尊重的事物有所行动时，他会充满成就感和责任感。在我看来，明确行为活动的意义是与生活紧密相连并体现自我价值的最为可靠的方法。

将兴趣融入学校课程

兴趣的作用在于帮助孩子释放热情，帮助他们建立自信并实现自主学习，此外，兴趣还有助于孩子完成学校课业，这一点与天赋具有异曲同工之处。

举例来说，如果你的孩子非常喜欢海豚，他可以选择一本有关海豚的书来做读书报告（通常老师会让学生选择一个主题）。如果他在为某项公益事业筹措资金，那么他就有很多接触数学的机会。对于认真对待这些活动的孩子而言，这就像接受了另一种教育！

快乐——最重要的激励因素

格雷格·哈里斯是一名咨询师，他说自己在学校成绩很差，不管父母或老师采取什么方法对他都不起作用。直到后来他知道了海龟这个生物，整个暑假期间，他努力阅读、研究并积极学习有关海龟的一切，成为一名初出茅庐的爬行动物研究者。暑假结束后，他又回到学校，过着同样的生活，成绩依然很差，依旧没有释放自身潜力。

几年后，哈里斯准备成为一名咨询师，与此同时他对一个问题产生了兴趣，那就是人们学习的动力是什么？他逐渐意识到，人们（包括孩子们）总是热爱学习那些让他们"感到高兴"的事情……没有强迫、没有考试。最关键的是他们感受到了快乐，快乐是真正意义上的学习动力。没有快乐，就没有不断努力的意义……孩子们总是能够专心致志地去学习那些让他们快乐的事物。

贝基·R是一位作家，也是三个孩子的母亲，她选择让孩子在家接受教育。

她曾经就"能自由追求兴趣的孩子们"一题进行写作。贝基·R 写道:"'化学家们'整天待在化学实验室里,废寝忘食地做各种实验。但这并不意味着所有的学科都能获得同样的热情、同样的投入和同样的时间。我和我的丈夫教授给孩子们学科基础知识,但孩子们难以避免地要从中挑选,孩子们根据自己的天赋各取所需。"

诚然,并非所有人都能在家接受教育,然而贝基和哈里斯的观点让我们了解到,兴趣在 D-TIME 天赋测评中发挥着至关重要的作用。我希望你能获得启发去发现那些让你的孩子感到快乐的事情,并鼓励孩子们去勇敢追求。毕竟,你越认可和支持孩子的兴趣,追随孩子的快乐,就越能让孩子忍受那些他们本不感兴趣的活动。

第七章

学习风格：不单单指听觉学习型、视觉学习型、动/触觉学习型

在研讨会上，我经常会问听众什么是学习风格。最常见的回答是："哦，你是问学生是通过听觉、视觉还是动/触觉方式来学习吗？"他们通常给出"孩子是听觉学习者"或"孩子通过动/触觉参与学习效果最佳"之类的回应。然而学习风格远不限于此。

关于学习风格，以下三点我们需谨记：

① 学习风格只是天赋教养模型的一个方面。

② 学习风格是指人们通过某种方式或感官通道来接收和处理信息。

③ 研究学习风格不仅仅是简单地给人贴上听觉学习者、视觉学习者或动/触觉学习者的标签，其内涵要丰富得多。

学习风格的全貌

学习风格的概念听起来很简单——"视觉型学习者"需要通过视觉来学习，"听觉型学习者"需要通过听觉来学习，以此类推。但现实情况则要复杂得多，因为我们接收到的视觉、听觉和动/触觉的信息种类繁多，我们需要学会区分。

D-TIME 天赋测评着眼于学习风格三个主要类别内部的差异及其相互间的不同。举例来说，"触摸""绘画""书写"是不同类型的动/触觉活动。音乐、交谈

和演讲的音频则提供了不同种类的听觉信息输入方式。区别这些分类的意义重大。因为每种学习风格都有不同的表达方式，我们可能会碰到不同的动/触觉类型的学习者：第一种是通过绘画而学习得更好，第二种需要把东西拆解进行研究，第三种可能兼而有之。每个人在学习风格方面所具备的优势都是独特的，并且会随着情况或学习活动的不同而有所变化。

如果我们仔细研究每一种学习风格，很容易发现各种可能的学习风格组合。

听觉学习风格

听觉材料包括噪声、音乐、歌曲、讲座、语言阐述、录音信息、朗读故事、交谈和自己本人的声音。

广泛听觉风格

某些广泛听觉风格的学习者通常能更好地理解和处理与文字相关的听力信息。但是，另外一些听觉型学习者却会忽略这种信息。举例来说，有些人听着音乐可以大大提高学习效率，有些人需要背景有噪声才能集中注意力，有些学生听录音比听现场讲座的效果更好，而有些学生则通过听故事更好地掌握和记忆概念。

有些人非常擅长通过广泛听觉风格来学习，以至于某些非听觉信息可能会干扰他们的学习。例如，听讲座时，如果演讲者引用图表解释时，这种类型的学习者可能会忽略这些图上的内容（甚至会闭上眼睛），才能专注于接收听觉信息。对于广泛听觉风格而言，声音可以是创意的源泉。

对每个学习者来说，在不同的情况下，确定最有效的学习形式至关重要。在做数学题时，噪声可能有助于解题，但在阅读历史时则无济于事。对某种特殊类型的广泛听觉风格而言，哼唱押韵歌曲可能是记忆九九乘法表的绝佳方法。对于那些默读时难以理解内容的学习者来说，有声读物可能会有所帮助。

语言听觉风格

有一种特殊类型的听觉学习者，他们需要交谈和讨论才能加工和处理信息，这就是语言听觉风格的学习者。

把所知道的内容用语言表达出来，有助于孩子处理和记忆相关信息。这种类型的学习者需要实实在在地把话说出来，而不是简单地听别人说。对理解书面指令有困难的语言听觉风格的学习者而言，选择大声将书面指令读出来会产生奇效。

了解语言听觉风格学习者的状态，有助于我们理解父母和老师常常经历的场景：有时孩子面对课本或作业一头雾水。他告诉大人看不懂这些题目，需要帮助。大人们会问："哪里不明白呢？你把题目读一遍。"孩子大声地阅读问题后说："哦，我现在明白了。"然后，孩子自己完成作业。这时，家长可能就会觉得孩子明明是能读懂的，他这么做无非是想引起注意，这时，家长就会感到恼火。如果这种情况经常发生，家长会更加恼火。

事实上，语言听觉风格的孩子并不是在寻求关注；这部分学习者只有大声读出来才能真正理解相关指示。人们并没有意识到，当这些孩子寻求帮助时，起作用的是他们的朗读和听觉反馈，而非成年人的关注。这时，让这些学生用语言表达指示就可以消除大家的挫败感。但问题是，课堂上可以接受语言表达这种方式吗？

采用传统教学方式的课堂上提倡安静学习，自言自语甚至被认为是一种"特殊需求"——即那些不能以"正确"的方式来学习的学生才会自言自语。

对语言听觉风格的学习者来说，语言表达是适合他们的方式，相较于其他孩子的学习需求，它的"特殊"程度也没有更高。所有的学习者都有自己独特的需求，我们不能对这些需求进行比较就得出一种需求比另一种需求更好或更为重要的结论。如果孩子需要，鼓励他们用语言表达出来，并使用说出来的方式进行学习和完成作业。

对一些语言听觉风格的学习者来说，如果学习时，能与他人合作，他们会有最好的表现。试着陪孩子一起做作业和学习，如果没办法做到，至少在一段时间内给予孩子陪伴。许多老师灵活安排学习方式，孩子可以选择一起学习或单独学习。有的孩子学习时需要与家人待在一起，但大人又不可能全程陪伴，那么这个时候，父母或老师与之单独相处一小段时间也会产生好的效果。

在许多场景下，语言听觉风格的学习者会因大声说出来而受益匪浅。这些场景包括：依据食谱烹饪、在地图上弄清楚方向、根据说明书组装办公桌、记忆各大洲的名字、理解重力的概念、搭配参加舞会的衣服、做出艰难的决定等。对于需要用语言表达的孩子来说，他们还可以通过听有声读物，或者使用互动视频/计算机课程来学习。

语言听觉风格的学习者在涉及口头表达的作业中表现最好。老师可以鼓励这些学生通过完成音频或视频报告、准备口头报告、参与讨论、讲故事，甚至为旋律作词并演唱的方式学习。教育的目标是让孩子理解相关的知识体系，所以只要能达成目标，我们大可以发掘书面报告之外的其他方式。

视觉学习风格

视觉学习风格的学习者有两种类型——图视觉风格和文字视觉风格。虽然这两种学习者的类型截然不同，但他们通常被混为一谈。其结果是，图视觉风格的学习者不是通过图片，而是通过文字印刷品学习，这显然是大错特错。例如，图视觉风格的学习者往往在阅读和拼写方面有困难，外界认为整词或高频词教学最适合图视觉风格的学习者。实际上，不同于汉语或其他象形文字，英文的语言符号只是表音不表意，所以整词教学对图视觉风格的学习者来说毫无意义。

图视觉风格

适合图视觉风格的学习者的材料包括图表、图形、设计图、表格、平面布局、地图、物品、图画、电影和戏剧表演等。

坦普尔·G 的《用图像思考》(*Thinking in Pictures*)和罗纳德·D 的《阅读障碍的礼物》(*The Gift of Dyslexia*)很好地描述了这类图视觉风格学习者的特征。在加工信息、记忆或对任何事情采取行动之前,图视觉风格的学习者会选择把所有接收到的信息转换成图片。有些人甚至完全是用图片进行思考,习惯了通过文字思考的人往往难以理解这种方式。图视觉风格的学习者通过将口头语言和书面语言转换成图像格式的方法和技术来学习。

图视觉风格的学习者通过各种形式的图像演示方式学习效果最佳。这些图像包括图形、图表或曲线图、连续性图纸和带有图片的时间轴。用图片记笔记对这些学习者而言作用非常神奇:他们可以用图片来组织信息、理解书面或听觉材料或撰写报告。另外一种非常好的工具是思维导图,这种方法能够获取阅读到的、听到的或经历过的信息,用单词、短语或图片在纸面上布局。它将学习或书写的材料转变为"可视化"表达或将其整理出来。许多学习者会从电影、光盘或现场演示等"动图"中受益。对部分图片学习者来说,视频和计算机是极好的工具。

文字视觉风格

文字视觉风格的学习者习惯用文字思考。也就是说,他们在聆听、记忆、回忆和思考时,首先映入脑海的是看到的单词。与图视觉风格的学习者相反,文字视觉风格的学习者习惯将图片转换成文字进行理解。

对于这些学习者来说,用不同的颜色在纸上标记重点是一项很好的策略。文字视觉化的孩子通常是天生的阅读者和拼写者,他们能够更高效地通过划重点的方式去处理和记忆信息。一些文字视觉风格的学习者难以理解图表和示意图。举例来说，这种类型的学习者阅读操作手册时可能需要忽略图片信息以便专注于书面文字信息。

文字视觉风格的学习者需要通过阅读和书写来有效地处理信息。这可能是许多老师"理想中"的学生——给他们一本书、一本练习册、一个主题、一个大纲等，老师就不用操心了。事实上，许多文字视觉风格的学习者更愿意独自待在一个角落里安静地阅读和学习。他们想尽可能地远离那些需要讨论才能学习的语言听觉风格的学习者。

针对文字视觉风格的学习者的策略是，他们可以通过在阅读材料上做标记（例如用下划线或不同颜色划重点），在词汇思维导图中使用单词而非图片或大纲格式做笔记，写下接收到的听觉信息，或将视觉信息翻译成文字信息等方式更好地学习。

动 / 触觉学习风格

触觉指的是触摸，动觉指的是活动。触摸和活动让动 / 触觉学习风格的儿童在包含触觉和运动体验的学习情境中高度集中。

对于那些非动 / 触觉学习风格的学习者而言，这可能是最难理解的一种学习风格。这种学习风格的孩子在学校的日子可能不太好过，因为在学校里，动来动去通常被解读为一种破坏性且非高智商的表现。

老师上课时，这类学生可能在用脚打拍子或乱涂乱画。或者在家长话音未落时，就迫不及待地扑到新计算机上，这些孩子更容易惹上麻烦，而不是受到鼓励。如果允许这些孩子能够触摸东西和四处走动，他们接收信息的效率会更高。许多家长和老师都有过这样的经历：孩子在教室里乱蹦乱跳，涂色涂画，或者摆弄东西，似乎"心不在焉"，但当他们被要求逐字逐句复述大人刚刚说过的话时，他们可以一字不差地背出来。

动/触觉学习风格的孩子每天长时间地被限制在教室里，几乎没有活动时间，这导致他们精力无处发泄。我们既可以选择给他们贴上"过度活跃"的标签，也可以选择回应他们合理的学习需求。至少，应该接受他们这种"闲不下来"的方式。这样，在他们应该静静地坐着听讲的时候，就算他们动来动去，也不会被认为是破坏纪律。举例来说，当老师讲课或小组讨论时，涂鸦、上色、捏泥和缝纫等都是动/触觉学习者学习的绝佳方式，如果尝试在学习过程中设计这些表现形式，会发现过去那些让人"头疼"的学生找到了自己的舞台。

你是否曾经在参加会议时，发现有一两位女士全程都在织毛衣？我从未见过有人质疑这一点，也没见过有人因为这些女性"不专心"而感到被羞辱。相反，我们对她们可以同时做两件事钦佩不已。而当家长与孩子进行严肃的谈话时，家长会冲过来从孩子手中夺走孩子们不自觉玩耍的东西，然后生气地命令道："不要再玩了，专心听我说话"，这种情况已经见怪不怪了。

这种孩子只是选择了一种最合适的方式来满足他的活动需求，同时又充分尊重了房间里的其他人，但是他却因此受到了惩罚。我们鼓励动/触觉学习风格的孩子运用社会大众可接受的活动方式，让他们实现自我控制，并遵守规则。

还有一些令人困惑的"规则"包括："阅读时不要用手到处指"和"不要用手指做加减法"。事实上，这两种活动对此类学习者来说都是很好的策略！请鼓励动/触觉学习风格的孩子使用手指进行加减乘除，或做任何数学运算（手指可以像算盘或计算器一样高效），请允许他们在阅读时用手指追踪阅读位置，手指可以满足孩子所需的触觉和动觉需求，尽可能地把运动融入学习中，从而发生奇妙的学习反应。动/触觉学习风格的学习者更适合绘画或做一个金字塔的模型，而不是阅读金字塔的知识。当听到老师谈论花园，他们需要建造一个真正的花园；他们需要触摸、仔细观察树叶的结构；用行星模型学习研究；在锻炼或打篮球时记乘法表；他们通过在纸上描摹有纹理的字母来学习文字。他们调动四肢参与演示时间，从而认识钟表，或者用地毯一样大的地图认识一个国家的地理知识。

要注意的是，我们应该建议他们经常停下来休息一下或者做一下伸展、跳跃、跑步运动，或者只是在房间里走走——这将有助于他们在做笔头作业时注意力更集中。你可能会想，这些孩子只想玩，哪里有那么多时间让他们玩。但实际上，玩得开心并没有错，乐趣可以提升学习体验。当学生身处享受学习的过程中时，学习的质量和数量都会提升。

除此之外，为了更好地学习，动/触觉学习风格的学习者需要把上述活动融入学习中。对这类学习者而言，通过触摸或肢体运动或二者同时进行时，大脑处理信息的效果最佳。当他们伸手触摸某种物体时，那是他们在回应动/触觉学习风格的需求。

以下是动/触觉学习风格的学习者的四种类型。前三种类型描述了典型动/触觉学习风格的孩子的特征：他们需要肢体运动或者动手操作。有些孩子是这三者的结合体。第四种类型描述的是通过书写学习的孩子，他们通常不需要像其他类型的孩子那样去触摸和活动。

动手实践

动手实践型动/触觉学习风格的学习者通过动手活动，如构建、组装、拆分、操控有纹理的材料和操纵物体等，学习效果会更好。

全身参与

全身参与型动/触觉学习风格的学习者需要表演、走动、玩耍、锻炼、建造、现场演示或使用全身动作。

涂鸦

涂鸦型动/触觉学习风格的学习者通过绘画、着色和涂鸦来学习。

书写

对一些孩子来说，书写是帮助他们学习的动觉活动。也就是说，他们需要把东西写出来（不管是印刷体还是花体）去处理、理解和记忆信息。这些孩子通常不需要真正的动/触觉学习风格的学习者所要求的那种触觉和活动，他们更像前面提及的文字视觉风格的学习者。事实上，对于许多文字视觉风格的学习者而言，他们是通过书写将信息转换成他们所需要的视觉格式。

更高效的信息处理

作为家长和教师，我们的工作之一就是帮助每个孩子发现和利用他们在学习风格方面的优势，让他们学习更有效率。那么有没有基本的学习风格策略可以帮助我们提高整体的学习能力呢？来自 SDS 的一项研究表明，有 29% 的中学生擅长以视觉学习风格（如图片）学习，34% 擅长以听觉学习风格（如声音或音乐）学习，37% 则擅长以动/触觉学习风格（如肢体运动、触摸、动手实操）学习。但显而易见的是，虽然只有 34% 的中学生适合听觉学习风格的学习模式，但传统的课堂显然还是听觉授课模式的天下！

我们可能都听说过这样一个普遍原则：我们学到的东西里，10% 来自我们读到的，15% 来自我们听到的，40% 来自亲眼所见，而 80% 来自经历体验。当我们作为成年人参加培训或研讨会时，经常引用这一原则，我们也更开放地参与实践活动和学习游戏，而这些活动在职场培训和个人成长课程中非常普遍。

在戈登·D 和珍妮特·V 的《学习的革命》（*Learning Revolution*）一书中，

我们读到：

最佳的学习方式非常简单：寓教于乐。通常这些方式有一个共同点：鼓励通过音乐、节奏、韵律、图片、感觉、情绪和动作等方式学习。绝大多数情况下，可以参考我们婴儿时期使用的学习方法，这是最好的学习方法。

彼得·K告诉我们：

人天生需要调用全身所有的感官来学习。人类产生之初可不是为了一天八小时坐在椅子上听别人说话，或者年复一年地钻研书本……直到发展至一定阶段，人类才开始借助书籍、老师去学习……如果我们关注婴幼儿是如何学习的，我们就会发现他们与我们祖先终其一生的学习方式是多么地相似。

因此，基本准则适用于每一个人。也就是说，我们越通过实践教学，学习效果就越好。一般来说，这一原则适用于幼儿和成人的教学。但实际情况是，我们的孩子们每天都枯坐在教室里，完全违背科学的做法：他们主要通过讲座式教学（老师们讲，孩子们听）和阅读（老师让孩子们在课堂上阅读或完成阅读的家庭作业）来学习。更令人困扰的是，一些教育工作者认为，动/触觉学习风格学习者的学习方式是一种智力较低的表现，往往预示着其职业发展的潜力不大。换句话说，外界往往认为，那些通过动/触觉学习风格学习的人没有高级思考能力或不能胜任更高层次的工作。

当学习者可以通过其最擅长的学习形式来学习时，那么他就能恰好地获得更高水平的推理技能，但需要我们转变思维才能意识到这一点。比如爱因斯坦和爱迪生是著名的发明家和科学家，他们就属于动/触觉学习风格的学习者。工程师、机械师、电工、景观设计师和计算机程序员等所具有的专业知识和技能都植根于动手操作的天分，我们很难想象生活中如果没有这些人，世界将怎样维持运转。

只有把活动和动手有机结合的课程才会对每个人都有帮助。因此，当你开始关注孩子独特的学习风格并应用于学习时，记得在图片中加入一些动作，哪怕孩子是听觉学习风格和视觉学习风格的学习者，因为亲身体验是最好的老师！

小结

此时你可能会想，我怎么才能满足每个孩子的学习风格需求呢？而老师又怎么可能满足教室里每个孩子的学习需求呢？

别紧张。这并不像看起来那么难。以下是一些有用的提示。

① 查看每个孩子的学习风格测评结果。

② 让你的孩子了解他们擅长的学习风格，这样他们就知道如何满足自己的学习需要。

第九章将更详细地介绍如何把所有的测评信息做有效整合。现在，有一种方法可以将学习风格的信息整合到一起。

假设在学习风格部分，你的孩子在视觉方面得分最高，在动/触觉方面得分次之。现在你想知道应该从学习风格列表中选择哪些活动。这时候，你对孩子的诸多了解就会派上用场。

举例来说，如果你知道孩子不喜欢在计算机上学习，不喜欢跳舞，你就不会选择这些活动。如果你的孩子喜欢组装模型，喜欢看《国家地理》节目，喜欢戏剧，那就从视频、建筑和表演开始吧。

现在，你的孩子正在学习有关埃及的知识，但是他在理解或记忆信息方面有困难，此时，你可以选择让他看看关于埃及的视频，鼓励他像记者收集新闻节目素材一样自己收集有用的信息，并让别人给他录像。如果学校需要提交一份报告，你可以问问老师是否接受埃及城市的模型和非书面形式的报告。

除此之外，还要考虑孩子的其他长处。例如，他可能喜欢唱歌（即使听觉学习风格不是他的主导学习风格）。在这种情况下，他可以把信息编成歌谣并唱出来，以轻松记忆考试信息（试试给要记忆的知识配上《一闪一闪小星星》的旋律）。

我们有大量的例子证明当学生选择合适的学习策略，并把其最擅长的信息处理模式和正在学习的技能或概念有机结合起来时，学习风格将发挥最佳效果。

请记住，孩子们会非常感激你认可并满足他们学习风格需求的尝试。当你和孩子一起寻找最有效的学习方式时，整个过程也会变得更容易和更有趣！

听觉学习风格

广泛听觉风格

教学技巧：利用音频资料、有声书、音乐、童谣、歌曲、故事、计算机软件等资源教学；现场讲座、朗读或轮流朗读的形式教学。

语言听觉风格

教学技巧：通过学生朗读、讨论、对自己讲述、跟读有声书、计算机/视频互动等方式教学；用讲述录音、口头表达、将文字信息配乐并演唱出来的方式做作业；允许与他人互动或小组合作学习。

视觉学习风格

图片视觉风格

教学技巧：利用视频、计算机程序、图片提示、带图片的图表、图片时间轴、图文并茂的笔记或思维导图、现场表演等方式进行教学。

文字视觉风格

教学技巧：利用阅读，调研，画文字图表、时间轴、思维导图，做文字笔记，划重点，做练习题的方式传授知识和加深理解。

动/触觉学习风格

动手实践

教学技巧：触摸，建造，组装，拆分，操纵物体，使用有肌理的学习材料、模型以及搭积木拼乐高玩具。

全身参与

教学技巧：表演、做运动、跳舞、搭建建筑、操作各种材料。

涂鸦

教学技巧：绘画、上色、涂鸦、做图片笔记和画思维导图。

书写

教学技巧：书写、临摹、复印、使用练习册、做研究、写提纲，记录文字笔记和画思维导图。

第八章

环境：不仅仅是一张桌子和四面墙壁

大多数人应该都会同意，我们所处的环境或周遭的事物，对我们的思考能力、学习能力和工作能力会产生极大影响。

如果我们身处的环境温度太高或者太低，或者我们感到饥饿和口渴，我们的注意力便会受到影响。外面刮风、春意盎然或者初雪来临时，我们也无法把全部注意力放在工作或学习上。周围让人心烦的噪声、太暗或太亮的灯光、不舒服的座位、房间的布局等都会让我们分心以至于无法有效地处理信息。我们有些人必须独处，否则什么事也做不了。而另一些人则恰恰相反，他们很难独自一人完成工作。还有一些人对美感与和谐的元素非常敏感，如果环境达不到他们的要求，他们就会工作效率低下。

但是，我们往往严重低估了环境对学习的影响，也忽略了在教室中考虑环境因素的必要性。相反，我们告诉孩子们，他们需要学会"两耳不闻窗外事，一心只读圣贤书"。即使有其他学生在分散他们的注意力，他们也要保持完全专注，好像他们是站岗的哨兵似的。那些不集中、不愿或不能集中注意力的学生往往被外界贴上"注意缺陷障碍""注意缺陷多动障碍""不专心""散漫"或"问题学生"的标签。

老师和家长们坚持的传统"高效"学习环境是：学生应该独自一人处在安静的场所，坐在一张书桌或桌子旁，周围环境平淡无奇，以确保孩子心无旁骛，而且学习最好发生在"精力充沛"的早晨。

有趣的是，尽管很多人成年后意识到这并不是他们学习或工作的理想环境，但这种传统观念还依然存在。我希望在本章结束时，大家对这些关于学习环境的过时观念会有所改变。

研究

亚伯拉罕·马斯洛提出的人类五个需求层次的理论现在广为人知，这一理论有助于我们理解为什么人类在营养需求得不到满足、环境不安全的情况下，无法专注于学习。只有满足了这些基本需求，人类才能把精力集中在学业追求上。在很大程度上，我们赞同这种想法。我们理解那些处于贫困、恐惧被忽视，或处于某种创伤环境中的孩子，因为他们所处的环境非常不利于学习。

那些生活在"正常"环境中的孩子会如何？他们所处的环境真的会影响他们的学习吗？

丽塔·D 三十多年来一直在研究天赋教养这一课题，她已经向我们证明，环境的诸多方面，包括声音、照明、温度、座位设计、食物供应、时间的选择、活动机会和参与者数量等，都会对学习产生影响。如果这些方面的因素能满足孩子的需要，他们的精力会更集中，学习成绩也能得到提高。

你可能会想，天哪，孩子的老师难道会允许学生在课堂上吃东西、调整课桌摆放、把灯光调暗、戴耳机听收音机吗？毕竟这些都是孩子对环境的需求！其实，这些需求有可能会实现。在美国，老师们开始注重对教室的重新布置，以便更好地满足小组内个人的需求。这一话题也引发了建筑师和其他为学校提供建筑设计服务的专家们的注意。

未来的学校

著名的美国学校和大学杂志《American School & University》邀请全国领先的教育建筑事务所一起就未来的学校设计畅所欲言。该杂志正在征求学校设计的意见,认为设计应该服务于学习:学校应提供灵活的空间和设施以满足各种教学风格。一家公司评论道:"21世纪的到来,建筑师和教育工作者必须清醒地认识到,未来的教室与我们在过去100年里所熟知的教室截然不同。"该公司补充道,对课程教学做彻底改变,无须扩大房间规模即可轻松完成。相反,我们只需用全新的方式调整教室的桌椅和布局即可。对桌椅在教育中的重要性有所疑虑的人们,不妨想想菲利普斯学院(Phillips Exeter)和其他一流私立中学中的哈克尼斯圆桌(Harkness table)发挥的作用。在这些学校,所有的课堂教学都围绕着这一可以容纳12名学生和1名教师的椭圆形大桌展开。在过去的70年里,哈克尼斯圆桌教学法鼓励和支持老师作为引导者来教学。当然,问题在于,没有哪个公立学校能够负担得起12∶1的师生比例。

但是,随着计算机网络、互联网、远程教育的普及,公立学校的学生应该也能体验到那种迄今为止只存在于精英私立学校的教学模式。

围绕着灵活的学习空间或学习中心的概念,参与的建筑事务所提交了各种旨在适应各种教学模式的用户友好型学习环境方案,搭建一个面对团队、双人组、单人、小分组和大分组都能开展教学的学习环境。方案包括自然采光、合理地安排座位、综合学习和互动学习等元素。很多知名的建筑师和具有前瞻性的教育家参与了对话,他们的远见卓识让我深受鼓舞。

环境因素

本书的 D-TIME 天赋测评在环境这一维度着眼于以下几个方面:声音、身体姿势状态、与环境（与人、与动物）互动、光环境、温度、食物、颜色和时间等。需要注意的是，这些因素在不同的情况和任务下会产生不同的影响。换句话说，我们的偏好或需求可能随着任务或相关因素的组合而发生变化。在我们工作的场所，如果声音和座位满足我们的需求，而且任务不需要我们头脑高度集中，那么时间因素可能不会影响我们。还有一点也很重要，对一部分学生来说，环境因素或因素的组合对他们产生的影响可能远远大于其他学生。

在本章中，你将了解各个环境因素及其对不同类型学习者产生的不同作用。如果你觉得信息量太大，那就放慢速度，一点一点地阅读。请记住，你此刻看到的将是环境的全貌，这样你便对环境的诸多方面有所了解。在大多数情况下，我们不可能满足每个孩子的所有需求。但如果我们能增加对这些需求方面的了解，我们将会有更多的机会为孩子提供更多选择。当你和孩子一起工作/学习时，你会发现即使能改变一两个环境因素，情况也会有很大的改善。

声音

该环境因素包含两种可能性：安静和噪声。

（1）对安静的需求

有些人在思考、学习或做项目时需要完全安静的环境。周围环境的任何声音都会导致他们分心，无法工作。"噪声"来源可能是指人们的交谈声、播放的音乐声；电视的声音；背景噪声，如街道的声音、雨声或风声。即使是远处的噪声，比如建筑声、钟声或警笛声，也会打断他们的思路和注意力。对声音非常敏感的孩子在教室里会觉得备受煎熬，因为教室通常会非常吵闹。同样，如果家里太吵，他们也无法静下心来高效地完成功课和学习。

针对需要保持环境安静的孩子，我们可以提供如下选择：

- 提供安静的房间，供孩子单独学习。

- 如果没有单独的房间，为孩子提供耳塞。
- 与家庭成员讨论并达成一致，让孩子安静不受打扰地学习。
- 咨询老师：孩子独自完成某些任务时是否可以戴上耳塞。

（2）对噪声的需求

如果周围环境太安静，有些人就无法工作！为了集中注意力，他们需要背景噪声——人们的交谈声、播放的音乐声、电视的声音。吵闹的教室适合对声音有需求的孩子。但是，这些孩子在安静的房间里单独工作或学习时效果不好。在我上学的年代，经常开着电视，躺在沙发上做作业或者躺在床上，听着收音机写作业。我的平均成绩始终不错，父母也从未质疑过我的学习方式！作业太多，这正是我为自己找的一些听觉放松的方式。

针对需要噪声的孩子，我们可以提供如下选择：

- 允许孩子在有人活动的房间里工作。
- 如果家里很安静，可以把收音机或电视打开（当然，如果你家不许看电视，可以忽略这一选项）。
- 尝试播放孩子自选的音乐（在合理的范围内——不要播放你认为不利于学习的音乐，比如非常吵的音乐或不合适的说唱音乐）。也可以尝试古典音乐，尤其是巴洛克风格的音乐，有报道称这种类型的音乐可以刺激促进学习的大脑区域。许多孩子开始不喜欢这种音乐，后来慢慢喜欢并主动要求播放这种音乐！
- 把音乐和其他声音区分开来。有些孩子会因交谈或普通的背景噪声而分心，但不会被音乐分心。某些情况下，开着音乐有助于屏蔽其他导致注意力分散的声音。
- 建议老师在课堂上播放轻音乐。研究表明，音乐可以加强学习和提高课堂效率；事实上，轻音乐对大多数学生都有积极的影响。

- 一些老师允许需要音乐的学生用耳机收听音频节目。

身体姿势状态

有些孩子需要坐在桌子旁或书桌前才能达到最佳学习状态。不过也有许多孩子则喜欢其他姿势，他们选择躺着或坐在床上、沙发上、豆袋椅或地板上。还有一些人需要站着工作，比如站在画架前、墙上的木板前、高高的绘图桌旁边等，这样他们的工作效率会更高。经常站起来走动走动的学习方式也可以被接受。有些人则在运动时思考效果最佳！

在家里，你和你的孩子可以尝试不同的安排。在学校进行分组学习时，尝试允许那些适合于坐在地板上学习的学生使用地毯垫；鼓励学生根据需要改变身体姿势、制定相关规则，或允许学生坐在垫子上，在不影响课堂纪律的情况下，允许孩子在教室里走动，并且为那些需要站着的学生提供高的吧台桌。

满足身体姿势状态需求的选项包括：
- 坐着：书桌、桌子、地板。
- 躺着：床、沙发、地板。
- 站着：画架、木板、绘图桌、吧台桌。
- 一些老师允许学生在地毯垫或白板上做作业。

与环境（与人、与动物）互动

人们在学习过程中有不同的互动需求。需要独自学习的孩子通常最容易被满足，因为这被认为是家里和学校最好的学习方式。但是，对于那些确实需要独处的孩子来说，拥挤的教室并不是理想的环境。如果家里没有空房间，家庭环境也会成为一个问题。我们应该尽最大可能为孩子提供私人空间。有时，用并不昂贵的窗帘、屏风或房间隔板就可以轻易办到。

如果这些都没办法做到，可以在开放的空间或角落里，用粉笔、胶带、油漆标记、枕头或家具圈一个空间，营造出私人空间的感觉。有一个发生在教室中的案例是，学生把作业放到桌子下面的地板上，这样他就可以独立而安静地写作业了。

一些需要有人陪伴的孩子常常被赶回自己的房间独自学习，因为这被视作传统的学习环境。对于这类孩子，在教室时很容易找到他人陪伴。在家里，这类孩子需要在有家庭成员在场的情况下学习。需要安静的孩子在其他人能同时安静工作的时候表现最好；需要背景噪声的孩子在活动中表现得更好。

当身边人不具备陪伴条件时，宠物可以有效（或更有效）地满足孩子们希望周围有伴的需要。

有些孩子需要与他人或在小组内进行互动。语言听觉风格的学习者通常属于这一类。正如在环境部分所讨论的那样，试着让孩子在有人陪伴的情况下做作业和学习。如果做不到，至少给予一段时间的陪伴。你也可以允许孩子和一两个小伙伴一起学习。

满足与环境互动需求的选项包括：

- 独自一人：单独的房间，用隔断打造的私人空间，用隔断或家具打造的小空间。
- 与他人一起：与安静工作的人身处同一房间，与忙着交谈或做事情的人身处同一房间，或与宠物身处同一房间。
- 互动：与小伙伴或父母进行互动，与小组同伴进行互动。
- 为满足学生需要单独学习的需要，在教室里打造一些小型私人空间，询问老师这一方法是否可行。
- 询问老师是否可以提供一个与小伙伴或小组同伴一起学习的教室空间。

光环境

不同的光线对人产生不同的影响。比如光线是明是暗,是自然光还是人造光?如果是人造光,它是白炽、荧光,还是全光谱光源?

荧光灯已被证明对儿童和成人有负面影响。它会导致头痛、阅读困难、眼睛疲劳、易怒和多动。植物无法在荧光灯下生存!全光谱照明,通常用于室内种植植物,更接近于自然光。植物在全光谱照明下能茁壮成长,如果教室采取全光谱照明,也会产生积极影响。在家里,如果安装的是荧光灯,试着换成全光谱照明。建筑用品商店和家居装饰目录中有多种品牌可供选择。换成全光谱照明后,整个家庭在学习和工作态度上会有很大不同,学习和工作效率也会大大提高!

一些学校在意识到这些好处后已经改用全光谱照明。在埃里克·J 记录的一项实验中,相较于使用其他照明手段的教室,使用全光谱照明教室里的学生的旷课天数要少得多。此外,普通的荧光灯已被证明会增加血液中的皮质醇水平,对免疫系统存在抑制作用。

如果你家里大部分还是使用白炽灯,只需根据个人需要调节亮度即可。来自埃里克·J 的报告显示,许多学生在明亮的灯光下会焦躁不安,但在光线较弱或中等的情况下会放松下来并表现更好。较暗的光线似乎有镇静的效果,对年龄较小的孩子更是效果明显,所以理想的照明应该是间接的自然光。当无法改用全光谱照明或把光线调暗时,试着让孩子戴上太阳眼镜或用遮阳板来降低亮度。

请关注孩子在测评中做的选择,然后结合日常观察,你就会清楚了解孩子是如何受不同类型的照明影响的。

温度

太热还是太冷?众所周知,热和冷是相对的。我丈夫和我从来没有在温度的感觉上达成过一致。我们俩总有人要么觉得太热,要么觉得太冷!我们通常通过增减衣服来解决这个问题。

但是，每个人对房间温度的感觉不一样，同样的环境下，有的学生会感觉太热，有的则感觉太冷。和环境的其他因素一样，总有一部分学生更容易因温度不适而受到影响。如果教室供暖或制冷不够，可能会影响大多数学生的学习效率。要解决此问题，可以在学校和家里安装小型取暖器或风扇。还有一种情况是，当前的温度能让大多数人感到舒适，但仍然有些孩子觉得温度较高或较低，此时，可以尝试让学生通过增减衣服、坐在窗户边或使用小型个人取暖器或风扇的方式来解决。

请关注孩子在测评中做的选择，然后加上日常观察，你就会清楚了解孩子是如何受室内温度影响的。

食物

学习过程中是否被允许接触食物也会影响学生的学习效率。有些学生如果被允许随时吃零食，那他表现会更好。如果你的孩子是这种情况，请给他提供一些健康的食物和饮料，如水果、蔬菜、全麦谷物棒、坚果、米糕、酸奶、无糖果汁、蔬菜汁和水等。在学校学习过程中，已经有老师在使用棒棒糖、小零食作为奖励促进孩子学习，由于部分孩子受到食物影响会提高学习效率，针对这类孩子，老师也可以尝试在小组学习中使用零食。请关注孩子在测评中做的选择，然后加上日常观察，你就会清楚了解孩子的营养需求。

颜色

多年来大众群体，尤其是媒体营销从业人员，一直在研究颜色对人类情绪和活动的影响。颜色在广告中发挥着重大的作用，营销人员研究哪种颜色会刺激我们的购买欲望，会让我们停留更长的时间，会让我们花更多的钱等。我们知道，有些颜色让人沮丧，而有些会让人兴奋；有些让人放松，而有些让人惊慌；有些让我们平静，而有些颜色让我们亢奋。

色彩原理似乎适用于每个人，此外，一个人最喜爱的颜色也能极大地影响她（他）的情绪和活动。

当我们被自己喜爱的颜色包围时，我们会更积极地思考，也更有动力。当我们身处讨厌的颜色当中，情况则恰好相反，我们会感到焦躁、不安、分心、伤心，甚至愤怒。就如环境的其他因素一样，不同的人对颜色的敏感度也有所不同。

在家里，父母可以帮助孩子决定，如何在指定区域使用他们喜爱的颜色。在教室里，孩子们可以按照自己的喜好，挑选购买那些他们最喜爱颜色的学习用品。被最喜爱的颜色包围能保证孩子通过考试或者取得优异成绩吗？并不能，但是颜色可以在很大程度上改变心境，并且提供一个更加积极的学习体验。和孩子谈论颜色，也是让他知道你倾听他的需要和偏好的另一种方式。

为满足颜色需求，儿童（和成人）可以：

- 在私人房间、学习空间、桌面或办公室里，（尽可能地）依照自己喜爱的颜色进行装饰或添置物品。
- 在参加考试或做其他文案工作时，使用那些自己最喜爱颜色的笔和笔记本。
- 参加重要的面试或有其他约会时，穿自己最喜爱颜色的衣服。
- 远离不喜爱的颜色。

一天中精力旺盛的时间

和成年人一样，孩子们每天在不同时间做不同的事。我们要认真对待时间这一因素，灵活安排孩子们每天做作业的时间。根据丽塔·D的深入研究，"大多数学生早上都睡不醒……在我们测试过的100多万名学生中，只有大约1/3的学生喜欢在清晨学习，而大多数人都喜欢在上午的晚些时候或下午学习。许多人直到上午10点以后才能集中注意力处理较复杂的工作，还有一些人在下午的早些时候状态最佳。"

《洛杉矶时报》（*L.A.Times*）有这样一篇报道，加州第106届国会众议员佐伊·L提交了一项以青少年为主题的议案。这项名为《充足睡眠确保得A》的议案将鼓励高中把上课时间定在上午9点，"这样青少年就能在最清醒的时候学习，充分挖掘他们的学习潜力"。

老话说得好，"早起的鸟儿有虫吃"。养成早起的习惯能保证自己的一天有一个美好的开始。你可能会问，难道养成良好的习惯不是应该的吗？这的确是。在这里，我并不是建议孩子们睡到中午，或者想什么时候起床就什么时候起床，到处闲逛，在无聊时才开始学习。我关心的只是在给孩子安排全天活动时应该遵循怎样的规则。

如上提到的研究告诉我们，对大多数孩子来说，课业学习如果发生在上午晚些时候或下午早些时候效果最佳。假设可以这样规划，那么清晨做事的安排如何规划？

农场的孩子们起得很早，在上学前会做各种家务。这给我们提供了重要的信息。这些孩子们起床后会锻炼身体、饲养动物、打扫畜棚、挤牛奶、照料花园并做一顿丰盛的早餐等。他们起床后的前几个小时都在户外，从事有价值的工作，与人、动物互动，饱餐一顿。我认为，当他们去上学时（走路去学校，因此得到了更多的锻炼），他们头脑清晰并且机敏，为更高层次的思考做好了准备。值得一提的是，这些孩子（和他们的父母）睡得很早。

我们现在最典型的情况是，孩子们早上与起床做着斗争，好不容易穿上衣服，大快朵颐着甜甜圈，然后急匆匆冲出门。到教室后，他要做的第一件事就是坐下来听课或做练习册。如果在开始学习之前，让他至少做一些伸展运动或热身活动，会产生什么样的效果呢？

许多年前，我曾在一所私立学校担任主任，所有的学生都以锻炼身体开始他们一天的学习。有些学校还提供早餐，确保孩子们大脑所需的营养能跟得上。

一些与我共事的伙伴，他们实施在家教育。他们会以家庭会议开始一天的教学活动。在家庭会议上，每个人讨论各自早上的感受，一天的目标以及让他们感到最快乐、最兴奋和最感激的事情。这些活动给了孩子们一个热身的机会，让他们的大脑很快进入状态。老师可以带领孩子们在早上做伸展运动、进行简单的锻炼，或者热身讨论，也可以选择阅读和讨论一个积极且鼓舞人心的故事，比如杰克·C 和马克·V.H 的《心灵鸡汤》(*Chicken Soup for the Kid's Soul*) 以及《少年心灵鸡汤》(*Chicken Soup for the Teenage Soul*)，这些都是开启新的一天的好方法。

如果老师无法提供热身时间，我们可以考虑在孩子离家上学之前让他做些事情。我知道，现实中许多家庭的早上非常忙碌，上班的上班，上学的上学，大家都在紧张准备。在这种情况下，可以选择调整一下就寝时间，因为睡得晚，早上就起不来，从而影响早晨的效率。考虑一下家庭情况，你可能会对你想到的点子感到惊讶不已。家人可以花两分钟时间进行简单的开合跳，或者绕着小区走一圈。如果家人们都习惯早起，你们可能会有时间做一些伸展运动和日常锻炼。如果孩子在你准备早餐的时候看卡通片，你可以选择用放一个数学视频替代，让他们做练习和记忆数学常识。或者选择放点动感的音乐，跟着节奏慢跑。即使你不能改变孩子实际开始学习的时间，至少可以选择让他们做一些热身运动，为上学做好准备。

家长们可以尝试：

- 运动项目：拉伸、锻炼、律动、舞蹈、健美操。

- 讨论活动：家庭会议、解决问题、设定目标、计划一天的活动。
- 阅读故事：阅读鼓舞人心的故事并让孩子们讨论。
- 有趣的活动：拼图、脑筋急转弯、绘画、手工。
- 建议老师考虑以运动、讨论、故事活动或脑筋急转弯开始新的一天。

父母是学校教育的有效补充！

尽管早晨的时间安排会对孩子产生极大影响，老师也很难为此改变教学计划，那么作为家庭教育的引导者，你可以做些什么？你可以和老师分享这一章的所有信息，但他不会改变任何事！然后呢？

首先，看见孩子的需要，认同他的感受。一同寻求解决方案。举例来说，如果你的孩子抱怨说他不想早上一起来就学数学，这时候，你不应该说："你没得选择。其他的孩子怎么没问题。数学课就是定在九点，你只能学会克服。集中注意力，不要分心！"通过本章的学习，你可以试着这样回复："很抱歉数学课开始得这么早。我知道这是你一天中最不喜欢的时间段，你却要学习像数学这样重要的科目。要不我们来个头脑风暴吧，我打赌我们能想出好办法来让你别这么烦恼。"然后再选个时间回顾这一部分的内容，看看你们能想出什么好点子（更多内容请参见第十一章"注重解决方案的问题解决方式"）。

其次，与孩子讨论环境的各个方面，并谈一谈在家里可以做出的改变。向孩子解释清楚，我们并不能总是掌控生活中的一切，比如我们无法掌控教室里发生的事情，但是我们可以用我们的大脑想出解决办法，从而做得更好。你可以问问孩子的想法，比如他是否希望教室温度高一点，教室光线是不是太亮了，家庭作业中想不想边学习边听收音机等。他可能会学着把这些因素当成日常的挑战或游戏——我今天能做些什么让这些消极方面变得积极和有趣呢？——如果真的能学到某些技能，那么他的一生将受益匪浅！

你可能会惊讶于孩子想出的办法。要知道，进行这样的家庭对话，会向孩子传递一种信息——你理解他们，并愿意在家里做出一些改变，或你真正倾听孩子的担忧，并鼓励孩子创造性地解决问题。这样的改变足以帮助你的孩子在课堂上做得更好，即使你没有做任何实质性地改变。

正如前文所述，你不必对孩子 D-TIME 天赋测评的各个方面都做出实质性的改变。请记住，努力做好平衡才是问题的关键。当你和孩子学习一起合作时，将家庭、你自己和孩子的需要作为优先要事。

第九章

融会贯通

你刚刚已经深入了解了 D-TIME 天赋测评的五大方面。那么现在该怎么做？怎样将这些信息整合在一起？如果觉得有点不知所措的话，请先放松！本章将帮助你学习如何将所有信息融会贯通起来。接下来，在第十一章中，你将会详细了解如何与全家人一起使用这些信息。

填写表格

如果你还没有进行 D-TIME 天赋测评，请先完成测评，并将测评报告打印出来，为每位家庭成员制作个人小册子。此外，可以为每个孩子制作一份计划表。

结果

和孩子一起回顾一下结果，并注意以下几个方面：

性格部分

圈出或用荧光笔标出两项得分最高的性格。请记住，在 D-TIME 天赋测评中，答案没有对错之分，分数也没有好坏之分。

天赋部分

圈出或用荧光笔标出得分最高的天赋领域。有时，孩子会选择页面上所有的选项，或者什么都不选。如果发生了以上任何一种情况，这表明孩子对自身的能力缺乏信心。暂时接受这样的反馈，在你借助天赋教养模型帮助孩子成长一段时间之后，孩子的信心得到提升时，请重新进行评估。

不过，大多数孩子都知道自己的天赋领域，在选择反映这些天赋的项目时并不会有太大的困难。

兴趣部分

记下孩子选择的所有兴趣项。特别要注意兴趣排名前三项。

学习风格部分

D-TIME 天赋测评的分数显示了整体的学习风格优势。圈出或用荧光笔标出最高分。

环境部分

请注意每个环境因素的选择。

计划表（见附录4）

在这张表格上记录孩子的学习策略，即在可能的情况下，你会做些什么。和你的孩子一起填写这个表格。年幼的孩子可以适当地参与。

如果你还没有准备好填写这张表格，请阅读完本章内容后，再回来继续填写。本章后面的真实家庭故事将帮助你更有信心完成该表格。

第一步

回顾 D-TIME 天赋测评对应章节（第四~八章），注意那些最适合孩子的材料、技巧、策略和环境设置。

第二步

现在把计划再回顾一遍。这一次圈出或用荧光笔标出每个部分你觉得可以在家尝试的一两个项目。此外，还要注明你可能愿意和老师讨论的若干项目。

第三步

填写提升空间部分。这些领域为底层能力领域，例如：生产型技能（时间管理、制订计划、项目管理等）、语言逻辑技能、数学技能等。在第十章中，你将学习如何掌握具体的技能，如拼写和记忆数学公式。

第四步

填写人生目标部分。再强调一次，这些都是底层能力的目标：如成为一名兽医，经营自己的事业和教芭蕾舞等。在第十章，你将学习如何实现具体学习目标，比如提高拼写测试分数、记忆九九乘法表等。

与你的孩子进行交谈

与孩子谈论 D-TIME 天赋测评其实很简单。与孩子分享本书中学到的东西。谈谈了解自我的好处，以及这些知识如何在学校、家庭和工作中发挥作用。谈论尊重每个人独特的天赋和学习风格的重要性。指明我们每个人都拥有不同的才能、性格、兴趣、环境需求和学习风格优势；我们都有自己的聪明之处，也都有不同的学习方法。告诉孩子与 D-TIME 天赋测评报告有关的信息可以为学习提供多方面帮助，也有助于确定未来的职业选择方向。

你也可以告诉孩子，大多数的课堂都更适合某一种类型的学生，即具有生产型性格和文字视觉风格的学生。如果你孩子的学习者画像属于这种，而且在学校表现良好，可以解释一下，运用适合自己的学习者画像信息能够使学习变得更容易。

此外，还要给孩子解释，D-TIME 天赋测评中有些方面可能是学校课程没有涉及的，你可以通过其他方式帮助孩子开发这些领域。如果你的孩子不属于生产型性格兼文字视觉风格的类型，并且在学校遇到了困难，引导孩子理解老师，在现有的学校体制中，老师正在全力以赴帮助学生。同时传达给孩子，父母将帮助孩子在家庭中做出改变，帮助孩子制定适应学校学习的策略。向孩子保证，不管发生什么事，你都坚信自己的孩子是聪明能干、富有天赋的。

此外，还要让孩子明白，D-TIME 天赋测评并不是用作逃避做事情的借口，也不是放弃的理由。应以积极的方式运用这些信息，从而帮助自己获得成功并继续前进。D-TIME 天赋测评的信息也能够使我们了解到他人的个性风格，从而帮助我们更好地与他人沟通和合作。

在孩子参与 D-TIME 天赋测评的过程中，他们在满足自身的学习需求方面会变得更加熟练。不要把结果束之高阁，要经常参考评估，进行家庭讨论，讨论家庭成员之间的差异，思考如何应用测评信息，使学习变得更容易。在第十章中，你将了解到更多关于应用 D-TIME 天赋测评的信息，包括如何绘制分数图表，针对家庭会议、讨论及与孩子面谈的建议，以及如何利用优势来克服劣势等。

与老师交谈

在很多情况下，你会是第一个向孩子的老师介绍 D-TIME 天赋测评信息的人。与专业人士交谈时，你可能会感到尴尬，以及缺乏自信。在第十三章中，你会找到这方面的建议。

这对现实家庭有用吗？

你可能在想，以上这一切我都明白，但我还是不知道该怎么做。这在现实生活中如何发挥作用？这种天赋教养模式对现实家庭是否有用？

让我们来看看一些使用过本书的真实家庭案例：为什么他们会对 D-TIME 天赋测评感兴趣，这些家庭如何应用评估结果，以及本书给孩子及其家人带来的改变。

格雷格的故事

格雷格在一所私立学校上七年级。他的功课有点跟不上，作业也不知道怎么写。对好几门学科的学习内容无法理解，所以考试成绩也不是很好。学校老师和父母怀疑格雷格有学习障碍，影响了其理解、记忆、组织和书面表达的能力。

我对格雷格进行了测试。在大多数领域，他的表现似乎与年龄相符。他会运用一些技巧去组织材料来备考或写一篇论文。他的理解力没问题，但他的拼写是个"问题"。格雷格的父母正在思考是否需要送他去上特殊教育的课程。

格雷格的评估结果

在格雷格性格部分的评估中，他在发明型性格方面得分最高，在关系/激励型性格方面得分则次之，这表明当能够花时间思考事情时，他的学习效果会最佳，而从他人那里得到的想法也很有帮助。他不擅长在不同主题之间跳跃。当他能一段时间内集中精力做一个项目时，他会做得更好。讨论、实地考察，以及给予充分的时间去探索、反思和发现对格雷格的学习都有帮助。

在学习风格部分，格雷格选择了图视觉风格和动/触觉学习风格（动手实践)的组合。这表明使用图表、图形和海报可以提高他学习和记忆的效果;视觉策略,如思维导图可以提高他的组织和写作技能;电脑游戏、形象化的"技巧"和动手拆分单词可以帮助他更好地拼写。

在天赋部分,格雷格在机械推理和艺术/视觉/空间方面得分最高。他的兴趣包括科学和历史。这两部分的信息让我们对性格和学习风格结果有了进一步的了解。例如,格雷格的发明型性格可能会倾向于物理科学和工程。他对历史的兴趣可能与关系/激励型性格有关,但也可能与具有探索和发现特质的发明型性格有关。

此外,我们还发现,格雷格需要一个安静的、可以独处的环境。理想的学习情况是,允许他站起来四处走动,时不时参与讨论,以帮助他更好地理解课堂内容。格雷格最喜欢的颜色是绿色,在选择钢笔、铅笔、笔记本、豆袋椅等时可以选择这一颜色。明亮的自然光帮助他保持专注,所以在窗边学习可能是有益的。

在我们着手整合格雷格测评的五个部分时,他的父母第一次看到了格雷格在学校生活中所具备的优点、天赋和能力。格雷格原来是一个非常能干、独特且表现积极的孩子!他的目标和职业的选择方向以及未来的可能性变得清晰可见。现在,根据测评结果采取行动,我们可以利用他的优势,给予他工具和方法来处理他在学校里遇到的难题。这样做将增强他的信心,带来更多的成功。

在讨论格雷格 D-TIME 天赋测评的结果时,我们发现了这家人的另一个方面。格雷格的家人意识到格雷格是家里唯一一个发明—关系/激励型性格的人。而其余的人都是表演型性格的人!这家人喜欢四处走动、热爱运动、精力充沛,吵闹不休……之前没人能理解为什么格雷格不合群,为什么他不想一场接一场地看比赛,为什么他变得心烦意乱、急躁易怒。现在他们明白了。他需要安静、沉思的时间……是时候独自思考了……是时候发明和创造了。

接下来呢？

在对发明—关系/激励型性格的描述中，格雷格意识到了这正是自己的性格。从他的面部表情、微笑和肢体语言可以看出，这对他来说解答了多年疑惑。格雷格不笨、不懒惰，没有不听话，也不是没有能力。他有自己独特的学习者画像，并且他很聪明、又有创造力。他所处的学习环境让他有些力不从心，也不允许他以自己与生俱来的方式学习，他被迫以一种与其本性相反的方式来学习和生活。

格雷格的家人开始在家里为格雷格提供机会，让他在适合的气氛中安静地思考。他们还让格雷格选择是否参加家庭活动和郊游。在学业方面，父母和老师讨论了测评结果，并鼓励格雷格在做作业和备考时，利用那些符合他的性格、学习风格、天赋和其他 D-TIME 天赋测评方面的对应策略。

老师们是否为格雷格做了改变？事实上并没有。其中一位老师对此不是很感兴趣，另一位老师则表示能够理解，但他的班级人数很多，他认为除了向格雷格表示认可和鼓励外，自己别无他法。

格雷格有何收获？他还没有成为一名完美的学生。但他的态度发生了改变。他开始明白，有时学习或工作环境并非总是理想的。他意识到自己没有任何问题，他不再感到无能或愤怒。格雷格真的开始进步了！在学习上，他开始独立运用对于他而言最佳的学习方法，他也更愿意与老师合作，适应学校教育模式。

哪些改变了？

老师没有改变，家长做出了一些改变，而格雷格改变最多！通常，只要承认一个孩子的独特性格，并与其谈论他的测评结果，就足以使其产生自我价值感，并带来态度上的重大改变。请记住第二章中讨论的 CARES 模型的五大原则，当我们开始认真对待孩子的时候，孩子开始认真对待我们，也会认真对待自己。

每当我遇到这种情况，我都会感到惊讶不已。格雷格的反应并非罕见，在与孩子讨论 D-TIME 天赋测评的结果后，我看到这种情况频频发生。不管学校的课程是否改变，孩子的感觉更好了，他们的行为也发生了变化，因为他们知道有人努力去了解他们，而他们的测评结果将他们描述成一个有能力、有价值的人。自信植根于接受和欣赏，这是无可替代的。

本来还会发生什么？

格雷格自己取得了进步，但想想看，如果他的老师使用了他测评结果对应的教学策略，在其学校课程中实施，会有怎样的结果。测评信息是一项强大的工具，如果能够为格雷格的老师所使用，就能够为格雷格创造更好的学习环境。

安妮的故事

安妮是一年级的小学生。她精力充沛，喜欢聊天。她很难坐在课桌旁，无法保持安静，也无法专心听讲。她喜欢课间休息，和其他的孩子们玩耍，她喜欢荡秋千、玩积木、跳舞和演奏乐器。她在阅读方面做得似乎还可以，但数学却一点也不好。安妮的父母想知道在家里能为孩子做些什么？

测评结果

安妮在表演型和思考/创造型性格部分得分最高。学习风格部分显示出图视觉、大肢体运动和语言听觉优势。她对环境的需求包括有人陪伴、能够四处走动、经常吃些零食和可调节的灯光。她的天赋表现在以下几个方面：艺术/视觉/空间、运动协调、与他人沟通、与动物沟通以及幽默感。她的兴趣包括：打鼓、玩乐高积木、唱歌和跳舞、做手工、和狗玩耍以及玩电脑游戏。

从测评结果可以明显看出，安妮需要"动"。当周围有人时，当谈论她所使用的材料时，当将肢体运动融入学习过程时，她就能学得更好。

因为数学是当务之急，我们提供了建议来帮助安妮在家学习。我们推荐了一款数学课程。……课程调动起安妮的触觉，使她迅速掌握了加法的概念……使安妮能够和视频中的孩子一起唱歌和做练习，也使记忆乘法口诀变得很有趣。她的父母还准备了两款线上数学课程，通过迷宫和游戏教授数学思维技巧。在安妮入门之后，学数学变得轻而易举。

安妮在学校表现如何？

在上学的日子里，安妮仍然不能安静地坐在课桌前完成作业。坦率地说，教室不适合她的学习者画像。然而，当我和老师交谈时，老师告诉我，尽管安妮的行为不"完美"，但她第一次全部完成了家庭作业，这表明她真正理解了数学。

安妮的父母继续使用从测评结果中学到的信息。在家时，他们允许安妮边听音乐边做家庭作业，允许她经常活动休息，必要时吃点零食。当安妮需要记忆科学术语时，他们帮助她用歌谣、唱歌和跳舞的方式进行记忆。如果安妮在拼写单词时遇到困难，他们会鼓励她围绕"出错"的字母画一些有趣的画，然后在脑海中将单词图像化。并且，他们意识到，安妮需要将学到的东西说出来，而不是一个人安静地学习。突然间，对安妮和她的父母来说，学习变得有趣而容易。

安妮的父母就家和学校的区别和她进行了交谈。他们解释道，老师很关心安妮，并且在尽最大努力帮助她。他们帮助安妮想出一些方法来挑战自己，让她能够安静地坐在椅子上，或者在感觉无聊的时候完成一页练习题。安妮有一块带有计时器功能的手表，她给自己设计了一些计时游戏：她能保持安静多长时间？她能以多快的速度完成一页练习题？她能打破自己的纪录吗？……老师意识到，安妮正在努力遵守课堂"规则"，开始表扬她在日常行为中的进步。安妮和她的父母都很高兴。

这样就行了吗？

你可能会想，这不就是"做游戏"吗？我们是在帮助安妮还是在害她？首先，我们向安妮表明她拥有非常了不起的 D-TIME 天赋测评结果，并教导她如何学习才能获得最佳效果。然后，我们告诉她要想办法去适应、去融入和去行动，依据 D-TIME 天赋测评结果调整她的学习状态。

我们可以从几个方面来看待这一问题。一方面，如果你无法选择教育方式，而你的孩子必须上传统学校，你不想仅仅因为学校不会根据孩子的 D-TIME 天赋测评结果进行教学而让孩子放弃学校学业，也不想让孩子错过基本技能的学习。你可以从 D-TIME 天赋测评中获得的信息，给孩子推荐理解、记忆和学习的方法，使其终身受益。此外，他如果能学会帮助自己应对那些不太理想的情况，这将会为积极解决问题打下基础，也就是说，使用创造力来寻求解决方案。你将会在第十一章详细了解这些内容。

另一方面，也许是时候考虑安妮的其他教育选择了。实际上，你越鼓励孩子按照自身的 D-TIME 天赋测评结果进行学习，他们就越能更好地适应"现实世界"。

我在这里告诉你故事的两面。你可能有能力改变孩子的教育状况。如果不是这样，你仍然有许多不错的工具可以提供给孩子，而你自己持支持的态度将是最重要的。请记住，你是孩子的第一位也是最有影响力的老师。（在第三部分中，你还将学习如何成为孩子成功学习的教练。）

还有什么会接踵而来？

老师可能会改变！随着安妮的父母不断分享所有使用技巧及其成功故事，并且随着安妮的进步，老师更乐于听取建议了。当教室的光线对于安妮太过明亮时，老师允许她在课堂上戴遮阳帽。老师也开始尝试为整个班级播放音乐，同时更包容地去看待安妮边学习边听音乐的事情，因为这有助于安妮不去想周围发生的事情，专注于手头的任务。这位老师正在向家长学习有关 D-TIME 天赋测评的信息。你孩子的老师也可能向你学习！

综合 D-TIME 天赋测评的各个方面

以上故事展示了如何将 D-TIME 天赋测评的不同方面组合在一起进行整体分析。性格、天赋、兴趣、学习风格和环境相互作用，以各种独特的方式影响着每个孩子。两个孩子在某些特定性格上得分大致相同，但是由于他们 D-TIME 天赋测评的其他方面有着独特的组合，因而学习情况差异很大。

如果你使用在线测评，就可以看到具体的分数。假设甲乙两名儿童在表演型性格上得分较高。甲为 8 分，乙为 6 分。可以看出两者得分存在差距。甲的最高分高于乙的最高分。甲比乙更具表演型特征。接下来我们看次高分。甲的其他几项分数都在 4 分左右，相差无几，很难说哪一个是次高分。而乙在关系/激励型性格方面得分为 4 分，为次高分。这时，我们可以看出两个孩子截然不同的地方。在查看其他部分的时候，我们会发现更多的不同之处。甲属于视觉和动/触觉学习风格，有搭模型、讲笑话和跳舞等天赋，在有音乐和能让他经常活动和伸展的空间里，他能更好地学习。乙属于语言听觉风格，有与人合作、弹吉他和运动等天赋，需要一个周围有人但安静的工作环境。甲喜欢木工活和表演，而乙对摄影充满热情。此外，尽管乙在思考/创造型性格方面的得分很低，而且在艺术方面没有特别的天赋，但乙却十分喜欢绘画，如果画画是他的兴趣，那么可以纳入该儿童的教学策略中——任何行之有效的方法都可以使用。

现在你已经了解如何将所有的 D-TIME 天赋测评信息融合在一起，让我们再来看一看计划表。请注意，表格结构清晰以方便你轻松查看 D-TIME 天赋测评五大方面的结果。现在回到计划表，如果你尚未准备好，请先填写测评结果。计划表将帮助你厘清第四~八章收集的有关 D-TIME 天赋测评各方面的具体学习技巧。如前所述，根据推荐方法和策略为你的孩子制订一个"理想"的计划。然后考虑一下各个选项，选择几项，然后开始实施！

让生活更轻松

不必担心制订的计划不够"完美"。要知道，每个人都需要做一些尝试。你可能会犯一些错误。在和孩子探索不同的选择时，请保持幽默感。

付出总有回报

当孩子们的学习需求得到认可和尊重时，他们会以惊人的热情倾尽全力，哪怕外在条件不令人满意，换句话说，哪怕你愿意做出一点改变，也会大有帮助。你的孩子将会感激你所做的一切。让孩子参与到"策略"讨论当中。讨论孩子独特的需求和条件的组合，以帮助其更好地学习。孩子可能会主动提出处理那些无法轻易改变的情况，这会让你大吃一惊。

接受孩子的独特性

请记住，整个过程中最重要的部分是传达这样一个信息：你的孩子是一个极具天赋和能力的人，他有独一无二的人生目标，有着别人没有的东西要与整个世界分享。孩子的价值不在于拼写有多出色，也不在于对词类理解的深度。

当你的孩子从内心感受到这一点时，他就会充满信心继续前进。奇迹往往就会发生。附带的好处是，他可以通过学习适合自己的 D-TIME 天赋测评结果，用使自己感到舒服的策略来学习，这样他的拼写能力也会大大提高！

把事情简单化

在开发 D-TIME 天赋测评时，我们尽力使用人们认同的类别名称（如表演型、发明型、图视觉等）。然而，这些术语并不如其传递的信息那么重要。换言之，如果你记不住不同性格的名称、天赋类别或学习风格类别，别担心！没有掌握所有关于 D-TIME 天赋测评的信息，也请放轻松。我们在使用这些信息时并非一定要做到无所不知。我们很多人其实并不知道计算机、微波炉和录像机的工作原理，但这并不影响我们使用！

随着你和家人不断使用评估结果并进行分析，你会越来越熟悉其中的语言和概念。最终，你会掌握如何将这些信息融会贯通起来，并能够自然而然地谈论它们，就像你学会了骑自行车一样。请记住，可以使用日常用语来描述你的孩子是如何取得最佳学习效果的：他需要行动起来、画画和看视频等。

重要的是你现在意识到了构成 D-TIME 天赋测评的所有方面，意识到你要持续观察和倾听孩子的心声，并通过提问题，来进一步厘清什么方法最有效，意识到你愿意提供机会，帮助你的孩子成为一个成功、积极、自我激励的学习者！

第十章

后续活动

本章将介绍几种简单方法，帮助你继续使用 D-TIME 天赋测评来帮助孩子在未来岁月里学有所成。本章还包括一些如何使用 D-TIME 天赋测评信息的活动。

活动 1：有的放矢

在培养孩子积极、自主学习的过程中，当我们花时间确定了你希望在孩子身上看到哪些学习行为，从而确定了目标和方向后，你认为一个成功的学习者应该做些什么？如果你透过窗子看着教室里自己的孩子，你希望他在做些什么？

ACTIVITY
活动

① 写下你希望看到孩子在教室里做的事情，若孩子已经这样做了，就在事情旁边打钩。

② 接下来，花几分钟时间写下你希望孩子成年后具备的一些特征。

③ 你所选择的特征反映了你为孩子设定的目标。

现在，写下为了推动上述学习或生活目标的实现，你正在采取的行动。

确定了目标之后，你可以不时地检查一下自己的行动是否真的为目标提供了支持。当你的行动与想要达成的目标保持一致时，没有什么能够阻碍你朝着自己选择的方向前进。

活动 2：家庭成员的 D-TIME 天赋测评

我建议，所有对孩子负有责任的成年人都参与到 D-TIME 天赋测评中，包括（外）祖父母、保姆和老师等。本着共同努力建立一个积极的学习团队的精神，每个人都可以通过提高对 D-TIME 天赋测评的认识来做出贡献。

我们往往有意无意间以自己的天赋构成来看待我们的孩子。例如，你可能在数学方面表现出超凡天赋，你可能会认为孩子数学成绩低就表明他"不够努力"或者他在课堂上没有集中注意力。可能因为孩子记不住数学公式或者重复问同样的问题而感到不耐烦。你的测评结果显示出数学—逻辑推理天赋，而你孩子的技能不在这个领域。你们的差异是显而易见的，并且这种差异是每个人身上不可分割的一部分。当然，有些差异与你的经历有关。然而，这种差异很大程度上与你个人的天赋有关。

通过 D-TIME 天赋测评的信息，你就可以开始解决问题了，思考可以做些什么来为孩子提供数学方面的帮助，专注于思考解决方案，而不是担心或感到沮丧。

同样，你可能不明白为什么你的孩子要花如此多的时间在房间里学习。在你进行评估并与孩子的分数进行比较之前，你可能会认为这是一个问题。你会担心，孩子的哥哥姐姐开始拿这件事取笑他，孩子会因此感到内疚。你的测评可能显示，你在关系/激励型性格方面得了高分。你对人际互动的需求可能是你差别对待孩子的原因。假设你的孩子在关系/激励型性格方面得了低分。显然，你和自己的孩子可能不太一样。在和别人相处的愿望上，你们是截然相反的。这是一个机会，你可以在不带任何偏见的情况下看待你的孩子，并尽快将注意力转移到解决问题上。第十一章会告诉你应该怎么做。

活动 3：家庭会议

分享 D-TIME 天赋测评的结果

家庭会议是分享各种信息、制订计划和解决问题的绝佳方式。拿到评估结果后，你可以商定日期和大家一起查看。

将每个人的 D-TIME 天赋测评报告和图表放在桌子上。每个人都可以查看结果，并分享他们注意到的地方。你可以通过多种方式获取信息。以下是一些建议：

① 寻找高分。

在特定才能或性格方面得分很高的人可以带头帮助他人学习他们天生擅长的事情。这些人有时会因家中其他人的不理解而感到灰心丧气。他们通常对自己擅长做的事情有很高的标准，因此对那些不擅长这些领域的人会比较挑剔。讨论彼此认可的方式和分享各自优点。表达你对每个人天赋和能力的兴趣和喜悦，以及鼓励他们在这些领域成长。

② 寻找低分。

低分表明某项特定的天赋或性格并非个人天赋。低分也可能是缺乏接触和机会的一种迹象。例如，一个没有接触过音乐，也没有机会去学习音乐的孩子往往不太可能在音乐天赋评估中检查出这一技能。

有时，人们放弃尝试是因为不愿与更加擅长某个领域的人竞争，因此会在某项天赋或性格评估中得分很低。例如，如果一位家庭成员拥有表演型性格，在幽默感方面极有天赋，那么家庭其他成员可能会感觉在幽默感方面无法与前者竞争，甚至也不会去尝试。拥有生产型性格的人常常会陷入这种困境。他们想与他人分担责任；然而，他们的高标准使得其他家庭成员觉得自己做得不好，从而很难参与进来。

探索"尝试"低分领域活动的可能性。问问你的孩子是否有想要改进的地方。接受孩子做出的不同回答。

③ 物以类聚，人以群分——将得高分的人或得低分的人分组。

集群是将分数相似的人分为一组。这很有趣，因为对于所有家庭成员来说，通常分数并不一致。例如，生产型性格的人与其他非生产型性格的家庭成员形成了鲜明的对比。或者，四个人中有三个人拥有与自然沟通的天赋，而另外一个人则并非如此。当你在计划年度家庭露营旅行时，这时缺乏与自然沟通天赋的孩子可能已经在跺脚尖叫，这是很有价值的信息。

想想这些知识是多么有价值！既然你知道了孩子做出上述反应的原因，你们可以一起坐下来，了解孩子的想法，集思广益，让露营之旅少一些令人不快的地方。你的孩子也可能会因为感受和需求得到了你的认可，自己想出解决办法。

④ 寻找集群中的沟壑或漏洞。

"家庭测评"中的"漏洞"也说明了一些问题。例如，如果一家人中没有人属于生产型性格，那么家中就有可能出现混乱和无序，或者每个人也可能在日常生活中平等相处，相安无事。在"现实世界"中，前者通常更加真实。下面是另一个例子：最近我接触到的一些家长惊讶地发现他们的孩子在数学—逻辑推理天赋上得了 0 分。此外，所有五名家庭成员在这方面的天赋得分都很低。这就是一个"漏洞"。没有人在这项天赋上获得高分。家庭测评的"漏洞"意味着可能家庭中没有人适合辅导孩子的数学作业。在这种情况下，寻求外援可能是一项比较好的选择。

⑤ 寻找在所有天赋或性格上得分大致相同的人。

有时候，某些人（通常是成年人）在天赋和性格方面的得分处于中等水平。有时一个人会被所有的性格可能性所影响，导致所有分数都大致相同。这种情况很少发生但却非常值得注意和讨论。事实上，这个人的特点可能会均匀地反映在各种性格中。在其他情况下，获得这样分数的人可能没有考虑太多自身的想法，也并不真正了解自身的喜好。

对学有所成的解释

当家庭中的成员有特定的性格或天赋时，那么谁是辅导贾妮斯做数学作业的最佳人选，谁是辅导她做语文作业的最佳人选，可能就一清二楚了。也就是说，如果一个家长在数学—逻辑推理天赋方面得分很高，那么他就是辅导孩子做数学作业的最佳人选，而在语言逻辑天赋方面得分很高的家长理所当然是帮助孩子做语文作业的最佳人选。

在任何一种情况下，愿意配合孩子性格需求的意愿与在这方面的天赋同样重要。如果家里没有人可以根据孩子 D-TIME 天赋测评的结果给予孩子帮助，最好不要试图给孩子提供帮助。这种情况下，鼓励你的孩子向老师寻求帮助，或者找一个能够为孩子提供辅导的家教或朋友。

活动 4：个人谈话

家庭会议有助于了解总体情况。然而，和每个孩子进行个人谈话同样重要。这是讨论优势和决定如何发展这些优势的好机会。此外，也是发现劣势并决定如何克服这些劣势的好机会。

根据 D-TIME 天赋测评报告提供的信息可以帮助你理解为什么你在与孩子交流作业或学习成绩时可能会感到沮丧或效率低下。当通过 D-TIME 天赋测评信息将你的期望、情感和偏好与孩子的期望、情感和偏好区分开来时，这会减轻彼此双方的压力，没有人会再被视为"有问题"。评估分数表明"事情就是这样，你们彼此不同"。

从这一点上，你可以选择如何处理孩子的 D-TIME 天赋测评的信息。一种选择是确保你每天的期望与为孩子设定的目标相符。

例如，你在活动 1 列出的目标中，假设你希望看到孩子更多地参与课堂讨论，更多地参与社交活动。评估显示，他在关系/激励型性格和与他人沟通的天赋方面得分较低。目前，除了你自身的想法、担忧、希望和期望之外，你还掌握了一些信息可供使用。这并不是说你的孩子粗鲁，孤僻，或者正走在通往孑然一身的道路上，这可能只是因为他天生不太愿意与他人互动。现在，你可以和孩子讨论发展社交技能的重要性，如果他愿意参与，可以一起制订行动计划。通过这种方式，你对孩子 D-TIME 天赋测评的结果表示了尊重，听取了他的意见，并通过寻求解决方案向前迈进。你可以采用下一章介绍的以解决方案为中心的方法来规划孩子的成长模型。

扬长避短

利用孩子的优势去克服劣势是天赋教养模型重要的组成部分。当我们使用符合个性化且恰当的方法、教材和活动时，年轻人往往愿意参与到技能培养当中。他们会看到自己取得的进步，感受到自己具备的能力。许多孩子没有取得进步，是因为人们没有通过孩子自身的 D-TIME 天赋测评来教导他们。重复使用同样的方法而不奏效，他们就会认为自己无法取得成功。一些孩子确实没有按照符合他们教导的方式来教授，不管惩罚有多严厉，或者奖励多么诱人，他们都无法理解。

第七章谈到，当孩子通过符合学习者画像的方式来达到阅读目标时，会在阅读方面取得进步。这是使用恰当的方法、教材和活动培养技能的一个例子。D-TIME 天赋测评帮助你和孩子明确想改变的事情。无须担忧或者唠叨，你就可以将学习劣势变为学习目标。一旦确定了学习目标，就可以制定策略，利用孩子的优势来实现这些目标。这种循序渐进的步骤如下：

① 确定总体劣势或提升空间。

② 将劣势和提升空间转化为具体的学习目标，如学习九九乘法表、完成家庭作业、学习拼写五个单词等。

③ 选择符合学习者画像且恰当的方法、教材和活动。

根据安妮的测评报告描述（见第九章"安妮的故事"），安妮明确地将改善数学技能作为目标。鉴于她在空间感和运动协调性方面的天赋，结合她对运动的兴趣以及她表演型的性格等可以制定以下策略：数学游戏、视频和舞蹈，以及全身肢体大运动活动，所有这些均通过安妮的 D-TIME 天赋测评结果来促使她达成已经确定的数学方面的目标。

活动 5：重新测评

有些人喜欢每两到三年让他的孩子重新做一次评估。查看重新测评的结果是一件很有趣的事。一般来说，一个人的天赋、学习风格和性格会保持不变，而他的兴趣和环境是最多变的。主要性格和次要性格有时会互换位置。通常，这发生在两种性格的分数差距很小的情况下。

有时，如果一个人的生活中发生了大事，D-TIME 天赋测评得分（特别是在性格方面的得分）会发生显著的变化（详见第四章）。

另一种方案

无论你是否想和孩子的老师谈论测评结果，如果你决定这样做，在脑海中设定具体的学习目标和策略可以使你能够更轻松地与老师交谈，因为你不仅能指出顾虑，而且还会提供适当的建议。有一件事是肯定的，充分准备是你最好的选择，所以可以考虑将孩子的 D-TIME 天赋测评及其结果的复印件交给老师。第十三章提供了更多的建议，让你可以以恰当的方式向老师反映情况。

第三部分

成功者教练

第十一章～第十四章将引导你成为孩子学有所成的教练。第十一章讨论使 D-TIME 天赋测评的应用更为有效的互动技巧。第十二章讨论许多家长对可能存在的"学习问题"的担忧，而第十三章则给出了建议，帮助你与老师分享孩子的 D-TIME 天赋测评的信息。最后，第十四章提出了如何正确看待孩子的教育，并提出意见和建议，这些意见和建议将有助于孩子成为一个自主、求知若渴的终身学习者。

第十一章

FITT 教练法则

完成本书第二部分后,你可以应用帮孩子学有所成的教练技巧。该技巧是我与众多家庭合作期间取得的成果,其中四项基础技能(首字母分别为 F、I、T、T)能够帮助你做好基于测评的教练工作,不断培养孩子成为热爱学习的自主学习者。你的学习辅导角色与运动员教练的工作几乎相同。后者通过科学有效的训练方法,帮助运动员达到个人最佳成绩;你则需要在孩子做好进步准备的时候,再提出更进一步的要求。

四项基础技能分别是:

① **Focus on solutions.**

专注解决方案。

② **Identify goals.**

确定目标。

③ **Track successes.**

跟踪成功的过程。

④ **Take the pressure off.**

去除压力。

F—专注解决方案

在学习期间,注重解决方案的孩子感觉自己很有能力,而经常被责备的孩子则会出现怯场、退缩、抗拒或叛逆等情况。注重解决方案的人会将注意力聚焦到如何解决当下的问题；而经常被责备的人则会回顾过去，找出造成问题的人或事，并提出应该如何对待造成问题的人或事。

在注重解决方案环境中成长起来的孩子，往往会学习如何解决问题，而不过多考虑后果或惩罚。他们会形成直面挫折的能力。运动员经过良好的训练，会注重解决方案，从而解决问题。他们会积极面对篮筐、球门或终点线前的阻挡，凭借着"我能克服障碍"的坚定信念，充满斗志、勇往直前地迈向目标。

如果家长认为，孩子在学校遇到的问题是可以克服的，那么家长和孩子之间就会出现积极的协作方式，停止消极沟通。家长可以教育孩子如何达成双赢目标，以改善亲子关系为出发点，天赋教养模型的实施过程不仅更加有效，而且更充满乐趣。

亲子交流

例如：如果孩子不交作业，那么责备式的教育方法会给孩子的错误行为贴上标签，追问孩子（不做作业）到底做了什么，进行威胁，提出孩子为这个错误行为要承担的后果。

亲子交流可能是这样的："你太没有责任心了。你告诉我你在那里做作业，可你到底做了什么？你还有没有规矩了，这样下去一辈子没出息。我告诉你，你不改正错误，就别想玩手机！"

注重解决方案的亲子交流则会以当前情况为切入点，不去标签化孩子的行为，也不去威胁孩子，反而邀请孩子共同解决问题。这种亲子交流可能是这样的："我听说你没交作业，这让我挺失望的。如果在功课上落后，你肯定也会很焦虑。你觉得这事应该怎么办？"你的语调、面部表情和姿势至关重要，避免尖酸刻薄和愤慨恼怒。

如果你真的邀请孩子一起解决问题，不论孩子年龄在哪个阶段，他都会提出有用的想法，改进当前的情况。有时候，某些想法可能相当幼稚而且很牵强，但你也要学着接受这些想法。如果你能收集孩子的 4~5 个想法，再加上你自己的想法，并且自始至终说话都和和气气的，那么你和孩子可能会想出双方都能接受的方案。通过这种方式形成的解决方案要比惩罚更持久有效。

关系 / 激励型性格或与他人沟通天赋评分较高的孩子通常更喜欢专注于解决方案的问题解决方式；在此期间，共同协作会满足他们对沟通、探讨和团队意识的需求。生产型性格的孩子也喜欢这种问题解决方式，他们特别享受列出、分析、对比、排除不同解决方案的过程。对于表演型性格的孩子而言，如果解决问题时间不长，很有乐趣，还能满足他们的表现欲，那么他们也乐于解决问题。如果你的孩子具有幽默感天赋，那么开开玩笑是必不可少的。表演型或具备幽默感天赋的孩子需要别人承认他们的机灵聪慧。思考 / 创造型、发明型性格以及具有艺术 / 视觉 / 空间天赋的孩子在解决问题期间，则喜欢画图或做笔记。思考 / 创造型和发明型性格的孩子甚至需要反复思考，直到下一次家庭会议时，才能做出最终决定。

面对难以解决的困难时，共同寻找解决方案能够有效地分摊大家对后果的责任。不要以为自己必须掌控一切，不要以为自己对一切都能明断是非，不要以为自己的工作是查错惩错。你需要与孩子协同作战，找出解决方案，这时孩子的变化会让你喜出望外！

教师——课堂案例

为了让你更清楚地理解本章内容在课堂中也可以发挥作用，想象一下，如果某些学生太过吵闹，老师召开一个会议，讨论违反课堂纪律的处理方式。对此，其他同学可能对他们提出如下处理建议。

- 以责备为主的处理方式：
    ① 把名字写在黑板上。
    ② 放学之后留校。
    ③ 减少他们的休息时间。
    ④ 取消一天的休息权利。
    ⑤ 坐到教室外面去。
- 注重解决方案的处理方式：
    ① 找个学伴，拍拍肩膀，提醒他们安静点。
    ② 学生轮流担当"纪律班长"，提醒他们安静点。
    ③ 学生太吵闹时，老师把灯关掉。

与以责备为主的处理方式不同的是，大家纷纷表示支持并愿意尝试学生提出的解决方案。践行注重解决方案的处理方式，教导孩子如何解决问题。孩子则会逐渐意识到，自己能够汲取经验教训，积极影响事件结果，从而增强自己的自信心。

I—确定目标

比起灰心丧气、看不到短期或长期机遇的孩子，目标清晰、认为自己有未来的孩子更热爱学习。目标清晰的孩子会建立起自己的信念，来应对学校所要求的日常繁重的课业。目标就是希望，就是不断前行的动力；目标向个人传递的信息是："前方有值得我到达的地方"。没有短期和长期目标的孩子往往会随波逐流。目标设定打开了新世界的大门，那里有抉择、承诺、个人偏好、价值感、希望以及达到要求的决心。

如果孩子没有自己的目标，那么他们往往只是消极地参与别人为他们设计的目标。对孩子来说，别人的目标和期望更像是要求，而人们会自然而然地抵抗他人的要求。

如果孩子没有自己的目标，那么他们需要在 12 年的学习生涯中，靠家长的判断，理解学校的目标和学校与自身的关联，而 12 年是很长的一段时间。假设对孩子来说，去学校学习与自身的关联是一项"成就"，而且有相应的"成就"报告单，那么在上述情况中，"成就"得分应该是"D"。向孩子灌输学习的重要性往往涉及长篇大论，而且还要威胁或吓唬孩子不努力学习就会出现严重后果。对于某些孩子来说，这种灌输听起来更像是要求，而非机遇；这样，抵抗的心理就会根深蒂固。在威胁下形成的动力只会在短期内奏效，但这也只不过是一种错觉。一旦儿童形成了不满情绪，你会在数周、数月、数年之后发现，你当初认为的短期解决方案根本无法满足长期需求。一定会有更好的方法！

孩子 12 年的学习时间实际上是一种机遇。作为父母，如何正确引导，将孩子的在校学习岁月真正变成孩子的机遇？学着帮助孩子设立目标，也许会大有裨益。

通往人生方向的蜿蜒之路

我还记得儿子上高中三年级时的模样：他很严肃地考虑毕业之后要做的职业，花了数个小时研读美国大学目录。在兴趣、天赋和憧憬的引导下，他从中挑选了大约 25 所大学，准备向其写信，了解详情。除此之外，他还给商船队和美国海岸警卫队写信。基本上，我儿子每天都会为自己草拟一个全新的职业规划。凭着憧憬，他首先选择的是社会最高阶的职业。在他的目标榜上，法律一度名列前茅。之后他又考虑到自己对航海的兴趣；普吉特海湾是他每个夏日的必到之处。这样一来，海岸警卫、商船队和海洋地理学科探究又成了首选目标。后来，他自己在绘画、设计、三维成像和建筑方面明显的天赋也被纳入考虑范围（我儿子在 17 岁以前一直用乐高进行设计；之后又开始撰写各种物件的构建手册）。他很乐于分享各种新事物，我们也会共同讨论其中的利弊。

以他自己的方式进行数月调研之后，孩子床头边逐渐堆满了大学的目录样本。最后，他决定学习建筑。接下来就是选择学校。孩子已有主意，想在东海岸迎接生活的挑战，这就缩小了选择范围。最后，他选择了6所学校，一部分是东海岸学校，一部分是备选的西海岸学校。第三步就是亲身考察学校，进行面试。孩子去了芝加哥、罗德岛、纽约和洛杉矶。我们当时住在美国的西北角，这些地方离我们都非常远。我们夫妇俩对择校流程的投入很少。最初，我们只是孩子的倾听者，并且为他的计划提供支持。联系、安排、亲身考察工作都是孩子做的，当时他只是高中毕业班（高中四年级）的学生。他一边继续上课，一边在长期目标的驱动下，不断地为自己制定目标，一步步朝着长期目标前进。我看到，儿子每次面对挑战和短期目标不断被实现时，变得越来越自信。在初中和高中期间，儿子在设置目标、做出抉择方面积累了很多经验，我们目睹了他能够泰然自若、积极主动地把握自己未来的全过程。

真实世界中的激励因素

有了目标，就有了做好必需的日常工作，从而实现目标的强烈动机。念完高中就是"做好必需工作"的范例。如果念完高中与孩子的未来目标（这种目标涉及孩子的天赋和兴趣，是他所热爱的事情）有关，那么孩子会理所当然地完成自己的学业。如果孩子有自己的动力或目标，经年累月地刻苦学习，那么孩子就会成为一个自我激励、积极主动的学习者。通过教授孩子如何设定目标，你可以让孩子逐渐找到挑战困难、持之以恒的动力。

设立目标分为两大部分：①要达到的成果；②为达到成果要采用的方法。与孩子谈论目标，却不考虑如何达到目标，无异于空中楼阁。我们不仅要让孩子畅想成果，也要让孩子思考达到成果的步骤。

目标是我们要达成的实实在在的成果。你务必清楚地认识到，越是年幼的孩子，目标越容易发生改变，要保持耐心。如果你能够早点接受这一事实，那么倾听孩子畅想未来时，乐趣就会增多，恼怒就会减少。

即便对于年龄稍大的孩子而言，长期目标也会多次发生变化。不必担心，孩子定下的很多目标都和年龄以及发展程度有关。真正重要的是，孩子能够为自己勾画一幅图景，想象自己成年之后能够做具体的、有意义的事情。通过进行 D-TIME 天赋测评、追求兴趣、确认职业偶像，孩子能够更好地了解自己，展现自己喜爱的活动模式。这些活动最终会与职业机会和长期目标产生共鸣。然而，你必须相信，通过某些间接过程，孩子能够厘清头绪，了解自己要做什么，就像上文中我儿子那样。

设定目标练习 1

谈论目标的有效方法之一是，让孩子制作一个偶像剪贴簿。剪贴簿上可以有亲朋好友的照片，可以有孩子画的图片，也可以有从报纸杂志中剪下的画。期间，你可以让孩子写下（或者你替孩子写）他为什么崇拜这些人。探讨这些人的生活原则以及你自己的生活原则。

在剪贴簿中留出一页，鼓励孩子画下或者写下自己作为成年人的样子，自己要做什么职业以及未来要在哪生活等。如果孩子对某个职业、某个要去的地方或某个学科有着强烈的兴趣，那么请你和孩子也为这个制作一个剪贴簿。帮孩子尽可能地收集他崇拜的人物、感兴趣科目的相关信息。一起在图书馆看书，从网上查找信息，搜寻有关最喜欢科目的图书，进行野外考察；这些都会为孩子带来特别的、极有魅力的学习体验，这也是孩子学习效率最高的时刻。

在剪贴簿上空出几页，记下孩子达到长期目标的想法。从他崇拜的人身上汲取灵感。这些人是否都上过大学，还是在高中毕业之后就工作？他们是否到海外留过学，还是白手起家？这些想法都会给孩子带来实现目标的启发。

确立长期目标之后，你可以和孩子讨论支持长期目标的学习、社交和个人技能方面的短期目标。孩子心中有长期目标之后，就会迈出重要的一步，成为积极主动、自主自导的学习者。

设定目标练习 2

从初中起，最好每年制订一个学年计划，也可制订一个完成高中学业的计划。我发现制定目标对孩子非常重要，我和孩子就着手制订 6 年计划。事后想想，这个计划让我们集中精力，努力向前，真有奇效。孩子也多次提到，这种人生计划意义非凡。将计划落到纸面上，其中包括短期目标，例如出行计划、学校课程计划、追寻兴趣—天赋的课程计划、各种活动课程的参与度等。在日程表上填写达成目标或完成项目的预计时间。不要忘了设置庆祝完成目标的计划。

组建孩子教育团队

通过组建和扩充孩子的教育团队，你可以协助孩子做好目标设定。孩子可以选择团队中他喜欢的人，来帮助自己完成学业。这位导师可以辅导孩子完成作业，提出解决问题的建议、进行兴趣辅导，或时不时带他一起出游。团队与孩子和家长一起庆祝教育过程中的大事。团队成员能够帮很多忙，你不必全部亲力亲为；这些亲朋好友、邻居熟人通常很乐意回答问题，分享知识、技能、时间和智慧。

点燃梦想

我儿子在学习建筑时，一位国际建筑大师的杰作让他着迷。我们告诉他，家长可以做好相关安排，替他出钱，让他到新墨西哥州见见这位建筑大师。于是，原定在这位建筑大师办公室的 1 个小时会面延长到 2 个小时，到大师家中的拜访更是激发了孩子的兴趣。这种联络安排对孩子而言至关重要，能够激发他们的梦想，激励他们实现目标，我们对此决不能无动于衷。

也许你的孩子已经制定了新目标，并将新目标添加到之前的计划表中。请列出这些新目标，提醒孩子，除了要确定长期目标，还要考虑为实现长期目标而确立的短期步骤。设置目标的秘诀就在于，将大的目标分解为一系列小的、可行的目标。

ACTIVITY
活动

① 请写下长期目标和为实现长期目标而制定的短期目标。
② 可以将某些长期目标更新到计划表中。

T—跟踪成功的过程

牢记失败时的痛苦，却往往忘却成功时的甜蜜——这是否是人类的天性使然？我想是的，因为我们常常不由自主地这么做。然而，在强化自我认知时，环境熏陶也起到了重要的作用。

关注自身失败的环境熏陶从小就形成了。孩子上学前，成人更喜欢关注孩子的成功而不是失败。幼儿园和学前教育也为孩子带来了很多类似的体验。然而，一旦老师下发作业时，无论老师是面带微笑还是愁眉苦脸，无论作业本上是星标还是红色标记，自我认知的重点往往会变为"跟踪失败"。

你是否注意到，我们会自动将错误答案标记为"错误"，却不会将正确答案自动标记为"正确"。在正确答案旁边打个"√"，并不比在错误答案旁边打个"×"要麻烦。大家翘首以盼的试卷上全是红色批注，但批注表示的是"正确"

而非"错误"会是一种什么体验？卷面上的评分通常是 –3 或 –7，为什么不能标记为 17/20 或 20/20？为什么不写成 +17 或 +13？为什么试卷都得有评分？为什么不能偶尔在试卷上只给出意见和建议？

更有甚者，数学试卷批完下发之后，学生只会深深地记住"3 道题错误"，而不会记住"17 道题正确"。日复一日，年复一年，孩子重复听到自己的错误，这会出现什么样的后果？你自己内心是否有一股强烈的消极声音，批评自己也批评他人？这股声音从何而来？这就是你从小到大，只纠结失败，而不关注成功的结果。到 18 岁时，我们已经听到 18 万次纠结错误的说法，从而进一步加强了我们的局限性。

反过来，如果孩子日复一日、年复一年地听到别人重复自己的成功，那会怎么样？你也许会反问："这样会不会让孩子变得自负，成为一个小皇帝？"但事实正好相反，孩子会自信地成长起来，变得以目标为导向。

也许你听过爱因斯坦的说法，即克服 1 次负面情绪，需要有 11 次正面情绪。要平衡上述的 18 万次负面情绪，你需要给出 198 万次正面情绪。如果你在认识成功进步方面出现了错误，那你将不可避免地背上这种债务。

幸运的是，在孩子成长的过程中，我们还有时间弥补这一错误。通过采用本书提出的策略，孩子将在学习方面获得更多的进步。与此同时，你要强调他们的成功，哪怕是最小的进步。"呀！看看作业里的字，真整齐""拼写测验得了 8 分呢，比上周又多得了 2 分"……要言之有物，细致具体，准确评价，这样孩子的自信心将与日俱增，孩子也会更加愿意挑战困难，持之以恒，分享努力工作的成果，最终挑战自我，达成他们自己的学习目标。

即便孩子有着良好的在校表现，也要追踪他们的进步，不要纠结失败。很多学生在学校好好表现的原因是，他们害怕自己一旦不好好表现，就会有麻烦。父母也在盯着孩子的失败不放。因此这些孩子会焦躁不安，每天晚上点灯拔蜡做作业。这些孩子长大之后会说："我学习成绩不错，可就是记不住自己学到了什么"。通过跟踪进步，这些一丝不苟的学生会更加快乐地取得成就，而不必担心失败。

耐心点！提高成绩、参与课堂活动或提高学习热情的步骤会很简单。如果你能够持续认可孩子在学有所成过程中的每一次进步，那么你会逐渐发现孩子将取得更大的成就。

我们夫妻二人在培养孩子的时候意识到了这一点。孩子的爸爸认为真正的变化通常出现在难以衡量的细微之处。所以请时刻发现孩子的微小成功，务必认可孩子取得的进步！

T—去除压力

压力太大的孩子常常害怕失败，无法集中注意力好好学习。有两种去除孩子压力的简单方法：①允许孩子不去做太困难的事情；②鼓励孩子评估自己的进步，不要只以分数为准。

适当的时候，允许孩子有"不去做"的自由

如果孩子在书法或读写方面有困难，并且这个问题困扰你很长时间了，那么你可以允许孩子"不去做"某些有困难的活动，让他集中注意力发展别的技能，从而起到扭转局面的作用。

反复提醒孩子的不足之处，会让孩子形成防卫机制，将关注重点集中在自我防御机制上面。孩子会痛苦地意识到自己有很多不足之处，所以，父母不需要总去提醒孩子有哪些不足之处。在很多情况下，他们也不需要我们去纠正。要放下你对孩子的期望，让他们有自由呼吸的空间，这样孩子才能集中注意力，用自己的方法解决问题。

有些时候，孩子在某些需要发展基础能力的领域里，会敷衍了事。通常这个情况发生在阅读领域。如果孩子的学习风格是图视觉，但你给他的阅读方法是广泛听觉或文字视觉，那么孩子要养成阅读这种基础能力，就需要更多的时间。基础不牢就匆忙上马，会造成根基不稳的情况。有些时候，能力不足之感会让孩子完全拒绝学习。如果我们能够在家里去除他们的压力，而不是增添压力，那么孩子会在学校要求之余获得更多的放松空间，获得更多的精力，重回正轨。

通过放下你的期望或允许孩子"不去做"，在此期间的数日或数周内，孩子通常会着手负起责任，以自己的方式改善薄弱环节。孩子解决问题的方式可能与你截然不同。放手让孩子做自己想做的事，只有你允许孩子运用自己的解决方案，孩子才能有尝试的动力。

在上述案例中，虽然学校要求孩子掌握阅读能力的期望保持不变，但你可以在家里采用音频书、给孩子朗读等方式，并在一段时间内不要求孩子向你朗诵书籍等来减轻孩子的压力。我们可以时不时地说："你现在做得已经够好了"。在压力比较大的情况下，"C"或"D"（某些时候）评分可视为"做得够好了"。在某些情况下，特别是对于孩子非常薄弱的某些环节，孩子应"重在参与"。

我经手的很多学生在书写时，会遇到一定的困难。记笔记、写报告会造成肌肉疼痛和对书写结果表现出焦虑。为去除学生的焦虑，可以建议老师让孩子用音频记录的形式提交某些学习报告，避免整个作业都用写的方式。孩子可以利用录音笔录下讲课材料，不用记笔记。对于会打字的高年级学生，笔记本电脑可以帮助他们解决记笔记的问题。

上述案例说明何时允许孩子"不去做"是较为恰当的。很多其他相关情形也能应用上述方法，在进一步关心孩子的 D-TIME 天赋测评的结果时，你会很容易地发现适当允许孩子"不去做"的情形。

鼓励自我评估

测试与打分虽然是学校采取的主要评估方式，但它们仍只是评估的一种基本形式。对于很多学生而言，打分是一种令人灰心丧气的评估方式。再次指出，D-TIME 天赋测评可以作为孩子们自我评估的方式。它是一种非常有用的工具，帮助你发现孩子的优点和缺点。

数年来，我发现能够进行自我评估的孩子对自己的要求往往比老师或父母对他们的要求更为严格。他们了解自己的学习过程，能够更准确地说明自己的努力程度和进步情况。他们了解自己做出的努力，了解自己面对的挫折，了解自己偷懒耍滑的情况。据我的个人经验，如果孩子确信自己说的话不会带来负面后果，孩子还是非常愿意回答、讨论 D-TIME 天赋测评结果的。

如果你建立了一种乐于倾听的亲子关系，那么你可以与孩子坐在一起，听听孩子自己对考试分数和成绩报告单的评估看法；这种评估给你带来的信息要远超过成绩报告单或打分本身。你可以检查孩子是否从某一学科中学到了之前所不知道的东西，是否从当前科目中学到了新的技能或词汇；你是否了解孩子对班级的期望，这些期望是否得到了满足；你可以询问孩子是否愿意向他人推荐该门课程——如果愿意，为什么？如果不愿意，又是为什么？你还可以了解孩子是否认为上述信息会对未来有所指导，以及孩子为学习付出的努力和下次改进的措施。这种跟进式询问将围绕孩子的想法、学习过程和相关期望，为孩子和你带来更有价值的信息，远超打分。

在家里，你千万不要将孩子与别人家孩子进行比较，不比较会大大缓解孩子肩上的压力。对于在校表现已然不错的学生，自我评估和关注个人最佳成绩会将焦点从竞争转移到自省。很多优秀的学生都在孜孜以求地进行自省，深思从课程中能够学到什么。无论你孩子多小，自我评估都会带来很好的结果。

小结

我希望你能够运用上述有效的策略,让你的孩子更加全身心投入到学习过程中。我深信,随着你在交流沟通技巧上的进步,你也会对孩子越来越有信心;通过运用 FITT 教练法则,未来的挑战将迎刃而解。不过请牢记,刚开始,可能不会很快产生变化,还请你持续坚定的努力,依据天赋进行教养。"天赋教养"这一理念必然带来改变。

本文为你选择的角色名称是"教练"。你也可选择成为支持者、导师、奠基人或学习导师。这些角色都在强调辅助、支持和培养——这些是孩子成长过程中最需要的东西,多多益善。

第十二章

如何应对学习障碍

如果你阅读了本书的前十一章,那么面对本章时,你可能会面临两种情况:

- 我孩子没有学习障碍——跳过本章。
- 这本书也没有帮到我和孩子啊——我孩子有学习障碍。

如果是第一种情况,我希望你也不要跳过本章,因为本章仍然有值得你深思的地方。

如果是第二种情况,即你的孩子被诊断为具有"学习障碍"或疑似具有"学习障碍"。在我经手的、被诊断为具有"学习障碍"的孩子中,我发现很多家庭通过了解、满足孩子的学习需求,获得了不同凡响的结果。最初,家长在找到我时,通常都很焦虑沮丧。但通过天赋教养,他们逐渐放松下来,认为孩子的独特学习者画像是孩子的一种天赋。一位母亲这样说:

"我儿子上小学五年级的时候,学校告诉我他只有一年级的读写水平。老师一直抱怨说,我儿子总是干扰别人,说话声音很大,就像是要弹起来的弹簧。但在家的时候,我儿子也没有什么毛病,但只要一让他读写,就会出现这种状况。"

实施天赋教养模型中的教育策略后,这位母亲在家开始看到成效。

"不到一年,我儿子能读飞机模型说明书了……在下一个学年中,他能读飞机飞行手册和维修手册了。四年过去了,现在他什么都能读了……最让我感到欣慰的是,儿子不再觉得自己呆笨,不再认为自己是惹祸精。他知道自己很聪明,能做到自己想做的事情,不再认为自己有问题。"

在撰写本章时，我曾反复推敲，希望能够就本章主题抚慰有"学习障碍"孩子的心灵。我问自己，面对这样一个复杂甚至让人望而却步的课题，我应该如何以简单的方式解释其中的奥妙，为家长和孩子带来积极的影响，从而改变他们的生活呢？

在讨论"学习障碍"之前，还是先了解一下，孩子上学之后通常会发生的一系列事情吧……

传统教育模式

美国国家教育目标协会（The National Education Goals Panel）刊发了《国家教育目标：打造学习者之国》（*National Education Goals：Building A Nation of Learners*）的文件。文件为全国学校提出了 8 个需在 2000 年达到的目标。第一个目标是：所有孩子在进入学校之前，要做好学习准备。而这正是问题开始出现的原因！

做好学习准备

通常，"做好学习准备"的意思是，孩子到达学校，准备并能够做到：

- 坐在书桌前安静学习很长时间。
- 遵守老师的一系列指令。
- 集中注意力听老师讲拼读或加减法课程，即便室外有施工的噪声。
- 做作业，不玩玩具。
- 长时间保持安静。
- 认真听讲，准备回答老师的问题。
- 举手回答问题，并围绕讨论话题进行发言。

- 高效安排学习,计划学习时间。
- 书写整齐,能在圈定范围内涂色。
- 能够阅读、书写、做数学题。

人们认为,来到学校并做好上述准备工作的孩子,被贴上诸如:动力十足、天资聪颖、乐于学习、潜力无限、天赋非凡等一系列标签。接下来,我们再看看某些不同的孩子。这些孩子来到学校,准备并渴望:

- 课间玩耍。
- 画画或者画手指画。
- 天马行空地讲故事。
- 逗乐老师和同学。
- 在课上玩乐器。
- 没有乐器就用铅笔或其他物件敲打桌子。
- 在屋子里转来转去,"探寻宝藏"。
- 玩游戏、表演或唱歌。
- 问一堆问题。
- 和同学分享玩具并在课上玩玩具。
- 用教室桌椅设施搭堡垒。

老师对这种学生忧心忡忡,因为他们没有达到学校的要求。其中大部分孩子被贴上"反应迟缓""无心学习""不成熟""注意力差""破坏纪律"或"懒惰"的标签。如果问题仍然持续,某些人会建议对这类学生进行测试,看看他们是否有学习障碍。

测试和贴标签——有益还是一种妨碍?

测试的目的是什么?作为家长,你想让测试起到什么作用?

你是否想知道孩子的优点和缺点、最佳学习方式,以及如何通过相关信息弥补弱项?你是否想找到孩子的真正天赋,鼓励孩子,让孩子沿着最佳的方向前进?或者,你是否想知道孩子的百分比排位、IQ分数以及最恰当的学习标签?

实际上,典型的学校测评会显示孩子的百分比排位、IQ分数和相关学习标签,并会形成如下两个结论中的一个:

- 这个孩子完全"正常""平庸"或"聪慧",这没有问题。不过缺少动力或兴趣是一定的,但这完全是家长的问题。
- 这个孩子具有学习障碍——必须制订特殊计划,这是学校的问题。

无论结论如何,输的都是孩子。第一个结论说明孩子懒惰、固执、叛逆,不肯用功。第二个结论说明孩子先天不足。让我们看看,这两种结论是如何影响真实生活中的孩子的。

珍妮是一名12岁的学生。她富有艺术细胞,创意十足,体育活动也很活跃,游泳、跑步都不错。她谈吐得当,喜欢动物,机灵、友好、热情活泼。她的数学成绩属于"年级平均水平",但是在拼写方面很差,写作水平也很差,而且她不喜欢阅读。

对珍妮而言,一个"但是"盖过了前文提到的所有的正面品质和技能;大家注意到的只是她欠缺资质的那一两个方面。

为此,珍妮接受了测试,目的是查看她是否有学习障碍或仅仅是懒惰、不肯用功。

无论如何,测试结论都可能是:珍妮在游泳和画画方面花费了太多精力,写作和单词拼写背诵方面做得不够。测试建议可能是:退出游泳队或停止艺术课,直到英语成绩上升为止。

如果你是珍妮,你宁愿被贴上什么样的标签呢?是资质不够、具有学习障碍或是懒惰还是缺乏动力?这些标签都是负面的,没有一个能够鼓励孩子前进或激发孩子的学习热情，没有一个能够提出切实可行的计划，没有一个能够为珍妮指明发展方向。

那么贴标签达到什么效果了？如果有阅读障碍和注意缺陷障碍该怎么办呢？这时要面对的重要问题是：学习障碍真的存在吗？还是说，这仅仅反映了我们不懂他们的学习方式？

天赋教养模型

之前，我们探讨了"美国国家教育目标"。目标声明，所有入学儿童都应做好学习准备。不幸的是，根据学校的一般设定，只有一种类型的学习者被认为是"做好了学习准备"，因此这个目标基本没法达到。只有设置相关项目，尊重不同学习者为学习做好的准备，才能达到这个目标。然而，通常由学校决定教什么，在此环境下天然具备学习能力的孩子被认为是"有天赋的"孩子，而没有这种能力的孩子则成为"有学习障碍的"孩子。

如果我们采用天赋教养模型，那么我们很容易发现，所有入学儿童都做好了学习准备。他们入学时对学习不同的东西都有所热衷，需要依据他们各自的学习方式学习。通过天赋教养模型，我们无须进行测试、贴标签，他们各自的学习方式才是至关重要的。

我的天赋是否比你的天赋强？

我上学时，擅长的科目有阅读、写作和数学。我很有条理，完成了全部的作业，成绩报告单上基本都是"A"。但现在，我不会处理家用电器，对计算机也是一窍不通；如果没有地图，我很快就会晕头转向，失去方向感。我不会游泳，不会画画，更不太会辨认图纸和图表。当然，我在学校时就有这些问题，但没人把我贴上"学习障碍"的标签，因为我符合关于"好学生"的描述。

但为什么没人说:"她在读写应试方面确实不错,但她不会游泳,也不会辨认图标,更不懂电器的相关知识。我的天哪,她画画水平太差了!真得给她安排个测试,好好帮帮她!"

在前文有关珍妮的介绍中,我提到人们只注意到她的弱点,即便这个孩子明显有很多强项。但这种只见缺点的做法有失公允:只有孩子某些技能较弱时(基本上是阅读、写作、数学),学校才会重视起来。

作为成年人,我们敬仰伟大的艺术家、音乐家、能够修补各种电气和电子设备的技工、颇具天赋的机械师、创意景观师以及才华横溢的建筑师。但这些人在上学时,人们是怎么对待他们的?某些视觉型—动/触觉学习型、表演型—发明型—思考/创造型的人,他们学习时需要不停地动,观看视频,进行实验,做好发明,不断拍打桌子,绕着屋子走来走去,甚至拆东西。如果这样会让他们有所成就,那我们为什么要告诉他们别再乱写乱画,别再白日做梦,别再看见什么摸什么呢?

如果学生的机械技能、艺术能力和创意能力、运动能力、社交能力较弱,那这些为什么不会引起传统教育者同样的重视?我们为什么不进行测试诊断,制定学习项目,提高孩子在上述领域的竞争力?因为这些能力乃至其他多种能力,都被认为只是天赋而已,我们不期望所有人都专精这些方面;相反地,我们并不认为阅读、写作和数学是天赋,并期望每个人都会精通这三个方面。

我们会将阅读、写作或数学方面有困难的学生贴上标签,为此忧虑不已,通常会强迫学生进行练习,即便这种方式不起作用,即便很多成年人在阅读、拼写、写作方面依旧表现很差,甚至很多人算不清楚收支平衡表,或者搞不明白里程数。

是的,作为成年人,我们真的不关心机械师傅能够懂句子语法——我们只希望他把车修好;我们听歌手唱歌时,也不会去问他写作水平是否高超;我们需要艺术家设计手册时,也不会让他先做个写作考试。我个人深知,如果我在穿越沙漠时遇到困难,我旅伴能不能拼出"汽化器"这个词并不重要,他只要能修好汽化器就行。

那我是不是在说,阅读和写作并不重要,某些人不需要学习阅读和写作?绝对不是!我要说的是,学习障碍需要重新被审视。本书提出的理念仍然是:每个学生都是独一无二的,有不同的优点、缺点和不同的学习方式。天赋教养模型正是要说明学习方式要符合个人的特质。

也许,将孩子贴标签、批评他们的"学习"问题,比找到适合孩子的学习方法、学习环境和相关材料容易得多。很多时候,人们没有考虑孩子自身的学习时间表,就提出了"学习问题"。谁规定孩子必须都要在入学前学会字母表,在幼儿园和一年级要开始阅读,到了三年级就一定要会做除法?一年级会弹钢琴,二年级会用计算机,三年级会画人脸,又有什么问题?谁规定不同天赋之间要有高低,不同学习风格之间要有贵贱?让·皮亚杰本人就提醒过,不要在读写能力形成前就过早教授孩子阅读或其他学习技能。他还警告,过快给孩子提出正式而过于详细的指令,会干扰孩子的正常学习发展。

如本书所说,有些孩子需要更多时间,有些孩子需要进行不同的培养,所有孩子都要因自己独特的个性而获得尊重。据说,如果爱因斯坦全盘接受他老师的意见,他可能就成不了20世纪最伟大的科学家。

评估学习能力而非学习障碍

如果孩子在学校遇到问题,下列情况通常依次出现:

- 通过测试确定孩子的"学习问题"。
- 设立相关项目,"纠正"学生。
- 认为学生潜力有限。
- 为学生的行为或缺乏成就等情况找借口。

对我来说，出现最后一种情况，非常有趣。例如，家长可能说："我不指望他能在公共场合好好表现了，他有注意缺陷障碍"。或者某个老师会想："他可能在英文方面不会有什么成就，毕竟词汇量有限"。但其实他们正在抗拒个性化的学习，因为他们不愿意"照顾"某些学生——他们要像其他人那样按照"程序"做事。

相反地，在 D-TIME 天赋测评时，我们会做到哪些方面呢？

- 确定天赋教养的各个方面，包括天赋和兴趣。
- 设立相关项目，处理相关个性化学习需求。
- 认为学生潜力无限。
- 拒绝借口，解决问题，进行协作。
- 用优势克服劣势。

也就是说，我们认为学生有能力，而非无能，我们赞美并激发他们的天赋、兴趣，我们全面考虑他们的性格、学习风格和对环境的需求，选用相应的材料和技术，帮助他们提高薄弱环节的技能；允许他们发挥自己的强项，永远不让他们觉得自己缺乏资质，帮助学生发现自己内心的财富、潜能和梦想。

由于他们不再感到焦虑、尴尬，不再被认为具有"学习障碍"，而是感到安全、有能力，被人视为"聪慧"，他们在薄弱环节的技能将得到迅速发展，提高到更高的水平。

如果有阅读障碍和注意缺陷障碍，该怎么办？

我知道你仍然会感到焦虑，特别是你的孩子被诊断为阅读障碍或注意缺陷障碍时。这种学习问题难道不严重吗？大家都知道，我们要尽早介入，解决问题，避免问题进一步恶化。

但请你记住，我们要谈的不是癌症。有些时候，标签被看作是疾病：比如玛丽有阅读障碍，吉姆有注意缺陷障碍。我们要谈的是独一无二、具有绝妙天赋的人。

学校的教育模型期望同龄学生都能够按照同样的方法、以同样的速度学习同样的内容。天赋教养模型期望学生之间各有区别：学生可以通过不同的方式、在不同的时间内、以不同的速度进行学习。接下来，我们将探讨某些我们熟知的"学习问题"。

学习障碍

根据官方一般定义，"学习障碍"指的是涉及口语或书面语言的障碍，显示出阅读、写作、数学、讲话或思考方面的功能障碍。该定义不涉及主要因为肢体残疾，精神发育迟缓，情绪困扰或文化、经济方面劣势而有学习困难的儿童。"学习障碍"儿童指的是智力在中等到中等以上，但在阅读、写作和数学基本功上无法展现自己的潜力。

大体上，该定义谈论的是在多个方面显得聪慧、但在学校遇到很大困难的"普通"儿童。通常，如果儿童在做作业、遵守指令或专心完成任务方面有困难，那么他们也会逐渐出现行为问题。也许，他在做练习册时不好好写，却在发呆、与其他孩子聊天、折纸飞机或画画。或者，他有可能开始变得喜欢破坏课堂纪律、举止不当、愤怒、抑郁、具有攻击性、负面情绪浓厚、爱吵架、胆小怕事、垂头丧气。

天赋教养模型会引导我们提出以下问题：这个孩子的优点在哪？兴趣在哪？闪光点是什么？如果向孩子提供绝妙的学习体验，我们应该做什么？

20 世纪 80 年代，托马斯·A 辞去学习障碍专家的工作，因为他不再相信学习障碍的说法。他提出以下建议：

现在，学校和家长应当着手将注意力放在每个孩子的潜在能力上……其实对习题册和老师讲授的知识产生兴奋的大脑部分，大约只占大脑整个负责学习区域的 1% 以下。更有甚者，这种僵化的学习方法实际上造成了教育家莱斯利·L 所说的"大脑对抗"——它没有释放孩子的潜能，反而将其关闭起来……只有家长决定把这些标签放置一旁，着手理解、培养孩子独特的天赋，让孩子按照自我方式进行学习时，才能终结这种"大脑对抗"。

阅读障碍

通常，人们认为阅读障碍是一种特定的"学习障碍"，并将其作为阅读困难人群常见的标签。

阅读障碍也是用于描述大脑情况的一个医疗用语。实际上，在许多年间，"阅读障碍"这个词一直引起人们的困惑。20 世纪 70 年代，阅读改革基金会（*Reading Reform Foundation*）编纂了有关阅读障碍主题的名言警句表：《来自国家教育学院的报告》（*From A Report from the National Academy of Education*）。报告中提出："（有关阅读障碍）即便是专家教授也鲜有相同意见。"美国的大学课本上讲："阅读障碍——这一用于表示大脑特定缺陷的术语被教育工作者误用于指代任意阅读困难，阅读障碍是一种特定的医疗术语，教师应当避免使用它。"杰瑞·P 博士表示："（阅读障碍）只是用于形容非常明显的情况：患者在阅读方面有困难，密歇根阅读诊所检查出 3 万例阅读障碍，只发现了两个确实不能学习阅读的儿童。"梅尔文·H 博士表示："我尚未发现典型的阅读障碍病例。我对上万名儿童进行了实验，但从未证实，阅读障碍能够解释什么、澄清什么或构成改进项目的基础。"日前，托马斯·A 又写道："背负阅读障碍等诊断术语的儿童，听上去他们似乎患有某种罕见、外来的疾病。然而阅读障碍这个词只是个难懂的专业术语罢了，意思就是在词汇方面有困难"。

误解

"阅读障碍"这个词的字面意思是在语言方面有困难,通常指学习阅读和写作方面有困难,常见"病症"为"字句颠倒"。被贴上阅读障碍标签的人群通常在看词辨词、弄清字母读音、牢记语法规则和以正确顺序记单词方面有困难。通常,此类人群对写作技巧(标点、句子结构、单词拼写)和书面表达方面也有困难。

天赋教养模型会引导我们提出以下问题:这个孩子最主要的学习风格是什么?对于孩子的性格而言,最佳的学习方式是什么?如何将孩子的天赋和兴趣融入学习中?如果环境方面发生变化,学习会有所改观吗?

大部分被贴上阅读障碍标签的人实际上只是图视觉学习者。如第七章所述,图视觉学习者通常被当作文字视觉学习者对待。我相信,这种误解导致了很多学生被认为有阅读障碍。我们要考虑各位学生 D-TIME 天赋测评中的其他方面;在学习阅读的过程中,学习风格起到了重要的作用,只需改变这一环节,很多学生的学习将会大有改观。

托马斯·A 表示:

这些孩子通常具备高超的想象力和强烈的空间智慧。他们将字母看作图片,不能将其作为符号阅读。因此,外界会将其标识为阅读障碍。这些孩子需要的是适合他们的教育方式,帮助他们自然地将图片转化为符号。

颠倒

颠倒字句呢?看见孩子写字时颠倒字母顺序,真是让家长和老师痛苦万分!我从 4 岁开始阅读,一辈子从未颠倒过字母或单词的顺序,可在输入电脑 DOS 控制命令时,却记不得哪个是正斜杠,哪个是反斜杠,时不时会颠倒输入。我朋友能够一下就输入 DOS 控制字符串，但在拼写方面却表现得很差，总是时不时地颠倒字母之间的顺序。我们俩是不是都有阅读障碍？还是说我们只是有着不同领域的天赋？

人们常见的误解是：具有阅读障碍的人会倒着看字母。如果孩子弄混字母（比如"b"或"d"），其原因并非是他倒着看字母，而是因为他记不起来抽象的、彼此不同的字母—读音标识，恰如我记不住正反斜杠标识。这类孩子很有可能是图视觉学习者；通过与其学习风格匹配的记忆策略，他会轻松地消除颠倒的问题（通过匹配天赋教养模型中的记忆策略，我很快就不再弄混正反斜杠了）。

注意缺陷障碍与多动症

注意缺陷障碍与多动症通常被视为"学习障碍"。但它们与阅读障碍一样，更适合作为描述医疗状况的术语。

ADD 指的是注意缺陷障碍。该术语通常指的是，无法集中精力处理手头的任务。孩子很容易分散精力，每个细小的杂音或响动都会让他分神；孩子自己的想法也会让他精力分散！通常，这类孩子喜欢看着某处发呆、乱写乱画或摆弄东西。

"多动症"是一个神奇的标签，能作为给成千上万的孩子"服药"的理由（后来注意缺陷障碍出现后，我们强迫孩子"服药"的原因就又增加了一条）。多动症指的是无法坐好、保持安静、停下不动。与注意缺陷障碍儿童相似的是，多动症的孩子似乎无法集中注意力并完成任务；但这类孩子不会发呆，只会坐立不安、在房间里走来走去或以多种方式扰乱课堂。某些孩子有着很明显的注意缺陷多动障碍症状——即注意缺陷结合多动症。

注意缺陷障碍和注意缺陷多动障碍从技术角度来说是医疗术语，而且相应症状应由医生诊断（在美国精神医学学会的诊断与数据手册中，此类诊断为精神病学诊断）。但即便如此，注意缺陷障碍和注意缺陷多动障碍作为标签，仍然被用到日常语言中。某个儿童机构曾经刊登广告，对注意缺陷障碍进行了描述，这恐怕是我看过的最有趣的注意缺陷障碍描述了。其中部分内容如下：

"注意缺陷障碍通常在出生时就已经出现，但由于家里人很难发现这种病症，因此直到孩子上小学时，注意缺陷障碍才会被诊断出来……在容易分神的场景中（如教室），由于孩子在进行枯燥重复的任务时需要持续保持注意力，因此病症更容易显现出来。不间断地看动画片或玩视频游戏并不能说明孩子没有注意缺陷障碍，其行为症状通常发生在易分神的场景中，特别是进行枯燥重复的任务时。"

接着，广告又说可以进行测试和治疗，包括用药等。

我常常想，这篇广告的读者难道不觉得广告很奇怪吗？首先，我为什么要让孩子到某个地方，在那里待上大半天进行重复枯燥的任务？其次，如果学校就是那样的地方，那我为什么要让孩子吃药来适应这种任务？听上去太可怕了……

相反地，天赋教养模型会引导我们提出以下问题：孩子需要少点噪声还是多点噪声？需要多运动还是少运动？灯光是太亮了还是太暗了？孩子的性格需要什么以及他的学习风格有什么优势？也许孩子需要安静的空间，也许孩子需要更多的挑战。也许我们要让孩子的天赋和兴趣发挥引领作用，也许孩子需要运动着学习。

作为成年人，我们总是找各种借口：头疼没法集中精神，广播太吵没法集中精神，担心屋顶漏水没法集中精神，对搬新家感到太兴奋没法集中精神；因为昨晚没睡好腰疼，需要起来走走，伸伸懒腰……

但我们却不允许孩子找借口或提出客观原因，即便他们在头脑中酝酿着非常重要的事情（例如发明下一个宇宙飞船或想象下一部获奖特效电影）。我猜，怀特兄弟、托马斯·爱迪生、阿尔伯特·爱因斯坦可能会被贴上注意缺陷障碍的标签，史蒂芬·斯皮尔伯格和乔治·卢卡斯（电影《星球大战》的导演）也不例外。

至于多动症——难道哈克贝利·芬和汤姆·索亚不是绝好的例子吗？普希拉·W在她的《学习风格》（*Learning Styles*）一书中，做了很好的总结：

> 如果有个二年级的孩子因为厌倦课程转而研究尘埃粒子，那么我们不能因为他的老师要孩子保持眼神交流，就匆忙将他贴上注意缺陷障碍的标签。如果正常活跃的孩子被交到"坐好听课"女士的手中，那么我们也绝不应当让孩子因此而服药。
>
> 实际上，如果"注意缺陷障碍"这个词用于形容对思维分散、极端分心的医疗诊断，那么它就不涉及大部分被贴上注意缺陷障碍标签的孩子。常见的"注意缺陷障碍"孩子并非注意力不集中；正相反，他们的注意力完全集中在想法、发明以及想象力带来的可能性中；他们在漫不经心地听课或做作业时正好触发了其中某些想法！
>
> 在性格方面，思考/创造型和发明型的孩子多被贴上注意缺陷障碍的标签；而表演型的孩子则常被贴上多动症的标签。第一类孩子最容易抑郁和退缩，他们要避开被误解、被贴上"不正常"标签的痛楚，所以往往选择将自己封闭起来。如果他们的独特能力和技能得到认可和鼓励，那么这些孩子通常会成为很优秀的艺术家、发明家和创意总监。第二类孩子最容易辍学或惹上麻烦，因为他们要满足自己运动、活动的需求。如果他们可以释放自己的能量，那么这些孩子往往会成为企业家、探险家和冒险家。

托马斯·A在自己的《注意缺陷障碍儿童之谜》（*The Myth of the ADD Child*）一书中写道：

> 曾被认为是"精力充沛""追梦人""干劲十足"的孩子如今被认为是"多动症""易于分神"和"情绪冲动"；这三大评语是注意缺陷症的典型警告标志。曾被认为是"暴脾气""捣蛋鬼"的孩子如今要服下精心调配的药剂并被人监控以控制他们不正常的行为……我不禁想问，是不是还有很多孩子的独特之处被贬低

为不同的病症？是不是还有很多孩子的创意思维被药品所压抑？是不是还有很多孩子遭受着种种伤害？

也许转换一下思维就会为我们讨论的问题带来新的意义。在大多数情况下，被贴上学习障碍标签的人通常在学习方面被误导。也就是说，他们在成长的过程中，认为自己有所缺陷而且自己的天赋根本不值一提。在我看来，注意缺陷障碍更应指的是对梦想与发现的关注症（英文首字母也是 ADD)，换言之，这是表演型、发明型、思考/创造型性格的代名词！

其他问题

区分常见的学习障碍和某些因为身体、生理疾病导致的学习和行为问题，非常重要。如果孩子真得了病，因此损害了学习能力，那必须正确诊断、处理病症，而不要将其贴上学习障碍的标签。无中生有不可取，如果真的患病而不进行诊断对孩子同样是不公正的。

某些身体缺陷是非常明显的，例如视觉或听觉困难。下文列出的某些病症并不为大众所熟知；如果你怀疑孩子的学习困难可能涉及天赋教养模型以外的情况，你需要熟知此类病症，这样孩子会大有改观。

暗光敏感症

暗光敏感症是一种与光照有关的病症。某些孩子对各种形式的光照和明亮度极其敏感，会出现头疼、恶心、阅读困难以及感觉失真等症状。在刺眼的白纸上印黑字对他们来说特别麻烦。20 世纪 80 年代，海伦·I 发现，彩色覆层能够大大减轻此类症状。她最终开发出一套测试和配备有色镜片的系统，这完全改变了很多儿童和成人的生活。很多阅读困难的人（包括被诊断为阅读障碍或注意缺陷障碍的人）都被发现有暗光敏感症；一旦矫正，阅读问题也就消失了。

神经系统问题

某些孩子确实有需要医生诊断的神经系统问题。对于这些孩子而言，导致他们在课堂上出现问题行为或学习困难的神经系统可能需要特殊的治疗，包括服用药物等。

儿科医生可能了解具有神经系统问题的症状。虽然诊断神经性功能障碍非常重要，但不能单单因为孩子非常活跃或喜欢发呆就给孩子贴上神经功能损伤的标签。天赋差异并不是神经损伤，同样也不应被当作神经损伤来治疗。

生化功能失衡

某些孩子产生了过敏症状或生化功能失衡，从而无法集中精力，不能清楚思考。孩子可能对某些食品极度敏感，或存在维生素、矿物质和其他营养物质失衡。过敏和化学功能失衡能够造成行为古怪、情绪冲动、碎片化思考、抑郁、情绪波动以及其他很多问题。零添加的全谷物和新鲜蔬菜、无糖饮食，是支持大脑更好运转的最佳饮食。

百折不挠

如果学校已经给孩子贴上了标签，孩子是否还有希望？

当然有！从践行本书中的天赋教养的理念开始吧。和孩子谈谈天赋教养模型，鼓励孩子施展自己与生俱来的天赋和兴趣，给予他们良好的感受！和孩子一起读读成功人士克服困难的故事。"心灵鸡汤"和"名人传记"等类型的书籍中有很多这样的故事。例如：

莱斯·布朗上学时，被贴上可教型智力迟钝的标签，并且他自己也对此深信不疑。然而老师的一席话让他改变了对自己的看法；如今，莱斯·布朗成为一名才华横溢、激励人心的演讲家。

爱因斯坦直到四岁才开口说话。他在学习阅读方面有困难。有位老师说他"精神迟缓，不善社交，在异想天开中神游天外"。他曾在瑞士联邦理工学院的入学考试中失败。但众所周知，他是位天才。

爱迪生的老师说他太蠢了，什么都学不会。

《战争与和平》的作者列夫·托尔斯泰因为成绩不及格被退学。学校认为他既不会学习也不愿学习。

雕塑家罗丹被认为是学校最差的学生，落榜三次才顺利考入艺术学院。

牛顿小学成绩非常差。

伟大的喜剧艺术大师罗宾·威廉姆斯在高中时被评为最不可能成功的学生。

"史努比"系列的创作者查尔斯·舒尔茨在八年级时所有科目都不及格，而且高中时代数、拉丁语、英语和物理课也不及格。

美国著名脱口秀主持人杰·雷诺的老师曾说："如果杰在学习上花的时间与他在喜剧上花的时间一样多，那他会成为大明星。"

1904年，一位特殊人物满载荣誉从拉德克利夫学院毕业。她就是海伦·凯勒。虽然她状况不符合学习障碍的定义，但她确确实实存在身体上的问题——她耳不能听，眼不能看，口不能言。幸运的是，她的老师安妮·莎莉文并没有采用考试的教育方式，也没有给她贴上标签，更没有试图分析海伦·凯勒是否有学习障碍或是智力发育迟缓。这位老师只是永不言弃，最后发现了适用于海伦·凯勒的学习方法，并着手启动学习流程，以至于海伦·凯勒最终成为才华横溢的人。

海伦·凯勒无法运用听觉或视觉，只能通过触觉开始学习。但对我们来说，幸运的是，现代技术为我们所有人提供了开始轻松学习的工具，即便我们有些人进步缓慢、略有迟缓。在海伦·凯勒毕业近100年后，她传递给世界的信息仍然发人深省：每个人都有潜在的天赋，只是方式不同而已……这并不是否认有些人确实存在学习困难。但把这些人贴上学习障碍的标签堪比用智商测试进行排名。贴标签的行为本身就增添了压力。通过研究，我们深信任何人都能按照自己的方式进行学习；学习方式有很多，且各有不同。

如果说有什么人可被贴上障碍的标签，那海伦·凯勒必然入选。她的故事说明，如果人的潜能不被标签限制，人的天赋和才能不受干扰，那么一切皆有可能。

能力与障碍

天赋教养模型认为学生创意无限、聪明且有能力。遵循这一教育理念的学校是这样的：

- 按学生的 D-TIME 天赋测评的结果选择学习方法和课程。
- 提供灵活的课程以满足每位学生的需求。
- 表现出充分的耐心，允许学生按照自己的节奏学习。
- 不在学生之间相互比较，而是鼓励他们合作，分享天赋。
- 真正珍视、欣赏、认可每位学生的天赋。
- 帮助学生了解自我，开发天赋，释放潜力。

采用天赋教养模型后，我们不必再为孩子的行为不端或无法"执行"或无法"完成任务"找借口。我们鼓励所有学生都成为解决问题的专家，运用相关信息，管理好自己，对自己的行为负责。孩子们将学着对自己的行为承担责任，并在决策方面起到重要作用。

没有理由对"注意缺陷障碍"的孩子放任不管，也没有理由让孩子在哪门考试中因"没有能力"就挂科。海伦·凯勒的例子告诉我们，每个孩子都很有能力，为他们提供合适的学习工具和技巧来"开拓"他们的学习之路，让他们有尊严地为自己的学习和行为负责。

在所有学校都遵循天赋教养模型之前，家长要担此大任：尽可能地与老师紧密合作，尽可能地在家帮助孩子学习。家长会发现，很多老师会接受"孩子有能力"这个观点，而不会接受"孩子有学习障碍"这个观点。还有很多老师会很高兴地利用 D-TIME 天赋测评的信息，在课堂上将天赋教养付诸实践。

所以，如果他人给你的孩子贴上了标签，还请你务必站到孩子这边，取下孩子身上的标签，看到孩子未来的无限可能，成为他们取得成功的教练！

第十三章

如何与孩子的老师沟通

孩子生活中最有影响力的人，除了父母以外，就是老师了。所以，为了更好地教育孩子，父母需要与老师通力合作，组成统一战队。有了这种合作关系，你就可以与老师更好地分享你所发现的孩子的特长以及 D-TIME 天赋测评的结果。

孩子的老师可能非常了解与个性化课程相关的术语（如多元智能、学习风格等），因为这些术语已在教育界被广泛讨论。老师可能参加过这些主题的工作坊，甚至把一到两个想法付诸实践过。他可能会相信，因材施教是最佳的教育方法。然而，他也可能会认为，不可能把工作坊呈现的东西全部付诸实践，因为课堂上的实际情况与工作坊有很大的区别。你孩子的老师可能会不知所措，不知道如何将天赋教养模型运用到所有学生身上。即使在全新、更小的课堂上，我们仍然会面对二十几个孩子。

管理与课程发展协会（Association for Supervision and Curriculum Development）的一项民意调查显示，当被问及需要什么时，老师们的回答如下：
- 为课堂提供实用、适合动手操作的教学方案。
- 针对个性化学生的不同管理策略。
- 营造良好学习环境所需的教学行为。

天赋教养模型能够针对这些问题提供相应的解决方案，有鉴于此，老师可能会非常欢迎你分享相关信息，因为这些信息可以大大满足孩子的个性需求。

老师如何看待阻碍

你越能解决老师的课堂问题和需求，你与老师协作的机会就越大，相应地，你的想法也越有可能被认真对待。对老师而言，让他们反思多年来运用到课堂中的教学方式并不容易。

即使他们内心知道这样做是正确的，但是在改变学习方式的过程中，仍然会遇到许多管理、财务、环境和情感等方面的阻碍。

学校的管理层

当老师想要改变课堂教学方式时，学校的管理层可能会担心一些家长不理解或不支持这种教学方式的改变。管理层还希望确保教学方式的改变即使不能提高标准化考试的成绩，但至少能维持原有成绩。老师们承受着巨大的压力，因为标准化测试的结果往往被管理层当作老师教学能力的反映。校长给老师下达指令，要尽一切努力提高学生的考试成绩。换句话说，老师们大概率不会因为采取了一种天赋教养型教学方式而获得更多奖励，除非这种教学方式能保证学生立即提高考试成绩。

班级规模、学习环境和经费

总的来说，老师想为每个学生都尽力而为。他们意识到自己无法给予每个学生同等的关注，因为他们要同一时间对太多学生负责。老师们经常因为没有使用更加个性化的教学方式而备受打击，因为他们面对的是庞大的学生群体。老师们需要专业的培训、专门的环境，以及家长和学校管理层的支持才能提供更加"个性化"的教学方式。为了提升部分学习者的学习效果，老师希望增加动手类教材的数量，并在教室添置不同的室内陈设，比如用来放置新教材的书架、针对不同座位安排新课桌等，但在这时，老师会发现学校经费状况与环境问题让他们寸步难行。

对变化的恐惧

最后一点也非常重要，那就是情感上的考虑。当我还是老师的时候，我记得我的教学工作遇到了瓶颈。我提出了很多方法来帮助那些采用不同学习方式的孩子；但是，仍然有些类型的学习者是我从来没接触过的。我依然清晰记得那时我真的束手无策，因为我意识到自己需要采取与以往的课堂组织和教学截然不同的方式。我感到很害怕，也很无助。我不想直面自己的缺点，更不想承担责任。一想到这些，我就不知所措。但所有事情都无法一蹴而就，从意识到我需要做出改变，到有勇气去改变，再到采取措施与那些能够帮助我的人建立新的联系，这是一个循序渐进的过程。

与老师通力合作改变课堂教学方式，意味着我们要充分理解老师，理解他们要改变就必须克服的那些阻碍。对老师的处境表达一定的同理心对改变原有的教学方式很有帮助，这也是最终满足孩子个性化学习需求的最佳策略。

与老师沟通的技巧

如果你决定与老师进行沟通，那么你为打下良好沟通基础而付出时间也是很值得的。如果你想让老师认同你的观点，请仔细阅读下方指南。

培养你的人际关系

如果你和老师建立了良好的关系，那么和老师沟通起来就会比较容易。不管你是否拥有良好的人际关系，请用天赋教养的视角来审视一下老师，他有什么兴趣和天赋？性格如何？他更注重哪些方面？他的课堂组织方式肯定是有特定依据和理由的，那么可能是什么依据和理由呢？当你了解老师的想法，在你和他交流的过程中，你的观点会更容易被接受。如果你以这种方式与老师打交道，你可以增进与老师之间的良好关系，或许，可以建立一段崭新而前所未有的积极关系。

做好准备

- 参考测评结果，填写性格、天赋、兴趣、学习风格、环境等信息。
- 和你的孩子共同确定几个目标。参考计划表格填写策略。

你要知道，老师的时间很宝贵，他们永远不会有充足的时间。你提前花时间获取重要信息、制定目标和策略，并以书面形式呈现，这将节省老师绞尽脑汁思考适合你孩子学习方式的时间。同时，你要表现出自己非常愿意为合作做出贡献。你和你的孩子可以一起填写 D-TIME 天赋测评的结果，为与老师见面做好充分的准备。当老师看到你准备得如此充分时，他可能会更愿意倾听你说的话。

循序渐进

可能需要两到三次碰面才能把你想说的话全部说出来。第一次见面时，你可能会发现老师对天赋教养模型所了解的程度。也许你可以告诉他，你正在读一本有关天赋教养的书，不知道他是否愿意抽出时间与你沟通下。在非正式沟通过程中，你可以确定老师对天赋教养的态度。可能要到第三次见面时，你才会特别提到你的孩子。急于求成的结果可能会被视为一种威胁，并破坏你为沟通所做的努力。

带着孩子与老师见面

只要有可能，孩子们都需要参与到与他们有关的沟通中。当你和老师讨论孩子的天赋教养需求时，孩子参与其中也很重要。当你提供支持时，如何了解到孩子的需求，你的孩子可以从中学到宝贵的一课。如果孩子也参加与老师的会面，请提前告知老师。

一次会面只谈一个问题

与老师见面之前,头脑风暴一个学习目标清单并按重要性排序。从测评结果的五个方面提取 1~2 个相关方法策略,填写到计划表中提升空间和目标这两栏。因为过多的要求,可能会让老师不知所措。

在课堂上使用天赋教养模型的实际结果

一些老师确信天赋教养模型有效,你可以给他们推荐一些优秀的刊物,包括丽塔·D 的《如何实施和督导天赋教养项目》(*How to Implement and Supervise a Learning Style Program*)、马德琳·H 的《如何转变成不打分的学校》(*How to Change to a Nongraded School*)、普里西拉·V 的《学习风格》(*Learning Styles*)和大卫·J、罗杰·J 与埃迪斯·H 的《学习圈子》(*Circles of Learning*)等。

如果你需要为老师提供更多的支持,那么一些关于天赋教养模型如何帮助父母和教育专业人士因材施教的故事也许会大有裨益。

美国圣十字学校(Holy Cross School)六年级的老师弗朗辛·B 说道:"上学期,我在上一门艺术课程,并决定运用一些天赋教养技巧来教学生。我运用这些技巧帮助他们理解艺术家及其历史故事。我给学生布置了作业,他们完成的成果让我非常吃惊。我觉得他们的作业完成得太棒了,我想把学生的作业在大学课堂上展示,所以我把学生的报告作为我的期末报告提交了上去!让我吃惊的是,我的同事问我是否在教一个天才班!我看着同事,笑着说:'这不是天才班,但是,他们都是天才,他们每个人都非常特别!'自从我在课堂上使用了这种天赋教养技巧,我看到学生们以一种奇妙的方式不断成长、学习。我知道天赋教养模型确实有效!"

加州奥海镇一所私立小学的五年级老师每年都会让他的新生进行 D-TIME 天

赋测评。他表示这是他做过效果最好的活动。他甚至让学生的父母一起做测评，这样父母们就能学会如何在家更有效地引导孩子。

一所学校的校长已多次评论："我一直告诉我们学校的老师，每次使用 D-TIME 的天赋测评方法都很有效。"这位校长表示："首先，学习成绩必然要提高！然后我们必须使用对孩子们学习效果最好的方式来教学。"

在《如何实施和督导天赋教养项目》（*How to Implement and Superise a Learning Style Program*）一书中，学习风格的开创者丽塔·D 向我们讲述了教育家在全国范围内实施她的因材施教计划时取得的巨大成就。

得克萨斯州杰克逊维尔中学的教导主任雪莉·D 解释道："我们的暑期天赋教养计划只提供了为期 18 天的教学，但是很多学生都实现了他们在多年传统教育中都未实现的目标。"

南达科他州阿伯丁市的一位校长杜安·A 说："在每一间教室，孩子们使用天赋教养模型，因材施教成就斐然，老师们也因此成为这一方式的倡导者。"

路易斯安那州什里夫波特市的课程主管佩妮·T.C 为天赋教养模型中一些具有争议的方面提供了保证。她说："一开始，家长们对孩子们在地板上边吃零食边学习的方式深表担忧。他们理解了该计划后，就帮助重新设计房间，制作触觉型材料，并邀请其他孩子一起进行 D-TIME 的天赋测评。"

最后，我的一位客户，同时也是一位八年级学生的家长说道："我 13 岁的儿子成绩不断下滑。我们收到了他的成绩报告单，看到他社会科学课第一次得到 D，我们既惊讶又有些失望。社会学科需要记住许多日期和事件。我知道他对这些事件的反复阅读不足以使他牢记在心。"

这个孩子被带来进行 D-TIME 天赋测评，并学到了一种适合他的天赋教养技巧。他的母亲说道："在两周半的时间内，我儿子学会了这个宝贵的技巧，他的成绩提高到 C，而且很快就会提高到 B。最重要的是，他再次对学习感到骄傲、自信和兴奋。感谢你悉心的洞察、尽心尽力的教导和宝贵的培训。"三周后，这位母亲打电话告诉我，她儿子在最后两次社会学科测试中得了A。

天赋教养模型的成功故事比比皆是。当你读到D-TIME天赋测评和技巧的真人真事时，我希望你（和孩子的老师）对使用天赋教养模型来实现学有所成目标的信心可以不断提升。

如果老师不能做出任何改变，该怎么办？

如果老师不能应用这种天赋教养模型，也没关系，因为你可能已经撒下了种子。你永远不知道几周或几个月后会长出什么。

无论如何，你的孩子知道你们曾努力在学校为他所做的一切。你所学到的知识仍然可以在家里付诸实践。有时，有人与孩子合作完成某事，并因此认可他，这就是孩子备受鼓舞的全部原因，因为他知道有人真的与他站在同一战线。毕竟，除非孩子感觉受到鼓励，否则他不会愿意采取任何措施成为自主、求知若渴的学习者。

如果你准备与孩子的老师会面，如果你深知课堂变革的阻碍，如果你愿意一步一个脚印（真实面对你孩子的天赋需求），那么你和你孩子的想法最有可能被老师接受。

不管结果如何，我希望，如果你必须在自信、自主、求知若渴的孩子和成绩"好"的孩子之间做出选择，你会选择前者，因为你知道这些优秀的品质对于孩子日后人生的成就才是至关重要的。我希望不管你和老师的会面结果如何，你都能继续认可和赞美孩子的天赋、兴趣和技能，因为你已经掌握了培养自信、自主、求知若渴的学习者的知识和方法。

第十四章

面向现实世界的教育

请回忆一下,在"如何使用本书"部分,本书希望你谨记的两个问题:何为成功的学习者?如何才能帮助孩子成为成功的学习者?

对于这两个问题的答案,你是否已经有了更加清楚的认识?你是否为孩子设定了教育目标?如果是,那么这些目标是否与孩子独特的天赋及其喜欢做的事相契合?换言之,这些目标是否与孩子的 D-TIME 天赋测评结果(天赋、兴趣、性格等)相契合。最重要的是,这些目标是否能概括为一个基本目标:为你的孩子奠定基础,提供工具并增强信心,帮助他们建立属于自己的教育目标,从而在未来实现自身的抱负?

那么,学校呢?学校为我们的孩子设定了怎样的教育目标?学校会不会考虑采用适合不同学习者需求的教学方法呢?作为孩子的父母,你能否与孩子的学校共同努力,开发孩子的兴趣和天赋,鼓励孩子迈向更加美好和成功的未来?

这些问题的答案关乎我们如何定义成功,如何定义教育以及我们在现实世界中对年轻人的期望。

现实世界中的成功和教育

在现实世界中,一个人如何才能取得成功?在以分数为衡量标准的学校取得成功是否意味着在生活中同样能取得成功?这是个有趣的问题。正如我们在第二章所讨论的那样,学校试图传达这样的信息:除非学生端正行为并取得好成绩,否则他们在生活中可能将一事无成。

什么是成功？

回到关于成功人生的问题上来。金钱、职业和幸福感等是成功与否的标准吗？许多书籍就这一主题进行了讨论，而得出的一个共同结论似乎是：虽然每个人对成功的定义都不尽相同，但通常来说，成功包括心怀热情、热爱工作、能够发挥自身独特的天赋和兴趣以回报社会，以及拥有人生意义等。此外，获得成功更多地意味着自知善思、目标清晰，以及对自身能力有信心，而并非与学习成绩有太大的关系。

单纯通过考试和分数衡量学习能力，忽视个人的能力和需求，以及使学生相互比较的教育方式，对于那些孩童时期认为自己不够"聪明"的成年人自信心的缺失具有重大的影响。许多成年人没有意识到自身蕴含的天赋，或者没有认识到，如果他们下定决心并且学习一些成功的策略和方法，他们就能够取得一定的成就。

书店的书架上摆满了各种各样建议成年人忘掉在校被标签化的自己并勇于追逐自身梦想的书籍。这些书的作者往往指出，要做到这一点在于重新发现自身的天赋和兴趣，而这些天赋和兴趣指引了人生方向和意义。有人告诉我们忘记过去在学校时的平庸成绩，因为这让我们觉得自己不够优秀，无法追求心中所想，而且，即便是取得过好成绩，也可能会让我们远离心中所爱。

最近，我碰到一位事业成功却幸福感缺失的律师。在职业咨询师的帮助下，这位女士意识到自己真正想要的是经营一家小餐馆。她以人为本的性格、天赋和兴趣吸引着她朝着这个方向前进。后来她转行了，并且非常热爱自己选择的新生活。这不就是我们所说的中年危机吗？而当一个人终于找到自己生命中真正想要做的事情的时候，我更愿意称之为中年庆典。

寻求人生方向和指导的成年人正在诸如《做你喜欢做的事，财富会随之而来》(*Do What You Love—The Money Will Follow*)、《只要我知道那是什么，我能做任何事》(*I Could Do Any thing If I Only Knew What It Was*)、《你的降落伞是什么颜色？》(*What Color Is Your Parachute?*)、《如何寻找到人生的使命》(*How to Find Your Mission in Life*)、《门门全优从来不会让任何人变得富有》(*Straight A's Never Made Anybody Rich*)和《快乐致富七大谋略》(*Seven Strategies to Wealth and Happiness*)等书籍中寻找答案。一些研讨会和工作坊以提高效率、设定目标和积极思考为原则，为工作场所的成年人提供自我意识再培训，而这些正是在现实世界中取得成功所需的真正技能。

重点在于，企业和个人花费许多时间和金钱学习本书所述的学习技巧和成功策略。如果这些原则如此有价值，为何不首先教授给我们的孩子？大多数高中毕业的学生对自己拥有何种天赋一无所知，在很久之前就已经忘记了自己的兴趣，更不知道自己想要过什么样的生活。许多人继续上大学，希望在大学能找到答案。而另外一些人开始上班，开始了早上起床上班、晚上回家睡觉、每天"两点一线"的生活。对大多数学生而言，他们在学校里度过的岁月（还有被要求做的作业）与其最终在现实世界中所做的事情之间并没太大关联。

天赋教养模型帮助你指导孩子一开始就走上正确的人生道路，让你的孩子在成长过程中学会懂得充分利用他独特的 D-TIME 天赋测评结果，设定未来的目标和计划以及朝着有意义的人生迈进。

教育：到底旨在启发还是堆砌知识？

"教育"一词在拉丁语中的意思是启发，而"教授"一词的意思是系统地堆砌知识。克里斯·B 和唐·C 简明扼要地指出："在知识堆砌的过程中，我们忽视了创造的能力……我们在教授知识时仅仅提供一些干巴巴的事实和答案。教育是启发、积极参与创造智慧，以及唤醒内在思维的过程。"

堆砌知识的方法

许多学校完全依靠考试来决定学生的成败,因此大多数情况下,老师在课堂上做的往往是大量系统性的"知识堆砌"。

学生们为了通过测验或考试记下成百上千的知识点,而在考试一结束全部清空,以便为下一次背诵腾挪空间,堆砌更多的知识点。在美国,几乎每个小学生都被要求记住各个州和首府的名字、《独立宣言》和词性定义等。而成年人又有多少还能记住这些信息?少数人可以,这一点不可否认,不过大多数人都不太记得了,也不在乎,况且也找不到在现实世界中使用这些信息的地方。

对于大多数学生来说,仅仅为了通过考试而去记住那些并非真正掌握但又不得不记住的信息,这样做真的有价值吗?首先,记住历史事实、科学箴言、数学公式或文学选段有价值吗?许多人认为有价值。E. D. 赫希在他的《文化素养》(*Cultural Literacy*)一书中表达了对孩子在成长过程中的担忧,担心他们没有记住有关我们文化组成部分的信息,那些使人全面发展并接受良好教育的信息。问题是,通过记住孤立的信息并通过考试,以此打造共同的文化基础是否是最佳的教育方式?

我认为,以为所有公民提供相同的基础教育为宗旨的人文科学教育是有价值的。从理论上讲,我们为全国的孩子们提供相同的基础教育,寄希望于他们能够具备同理心和协作精神,彼此关怀,以及在现实世界中把握大好时机,选择理想职业,从而成为成功人士。其本意是好的,但实际结果如何呢?

是全民教育吗?

事实上,我们的学校体系正在无形中磨灭数百万人的机会,因为这种相同的的基础教育并不是每个人都能获得的。之所以如此,是因为这些信息并没有以所有孩子都能吸收的方式呈现。那些不适应传授方式的孩子会被划分到反应迟缓、成绩平平或有学习障碍之列。他们很早就遭人诟病，说他们一辈子不成器。而那些被贴上中等以上、聪明或有天才标签的孩子并不一定会出人头地。

这些孩子学着适应规则，为了取得好成绩去死记硬背，但是他们是否真正理解这些知识，是否了解这些知识在现实世界中的真正用处？甚至有些人正在学习以牺牲他人甚至自己的诚信为代价来"取胜"。学生仿佛是一个容器，堆砌越来越多的信息，这种做法以牺牲他们天赋和能力的培养为代价，这种教育很少考虑到学生的学习需求。其假设在于这种教育在为现实世界提供无限的机会，然而，大多数孩子远远没有达到高分目标。而那些力不从心的孩子往往会感到灰心气馁，甚至是愤世嫉俗。

谁被落下了？

金融与营销顾问、炙手可热的公众演说家、作家兼电视脱口秀节目主持人大卫·D.A 曾讲述过自己的求学经历。他谈到自己不擅于死记硬背。然而，他立志上大学，成为家中第一个大学生。他在大学入学考试中成绩不佳。一些问题尤其令他感到惊慌失措，比如假设两列火车同时从两个目的地出发，以这样那样的速度行驶，那么它们将在什么时候会合？他无法相信，自己是否"适合"上大学是由能否解答这样的问题来决定。

大卫·D.A 很聪明，却没有在这场考试中证明自己，这给他的大学梦带来了阴影。在经过多次电话交流之后，他申请的大学认可了他的创造力、决心和专注力。他不仅获得了入学资格，后来还拿到了奖学金。再后来他成为全美橄榄球运动员和运动名人堂成员，并顺利毕业。如今，大卫·D.A 拥有数家公司，被证明是一名优秀的企业家。

技能与内容

赫希在他的书中表示:"在过去数十年里,重教学技能而轻传统内容的理论主导了美国学校的教学方式,尽管这些理论出于善意,但欺骗了许许多多的孩子们,使他们无法获得(赫希认为重要的那些)信息,因而是错误的。"但事实上,当孩子们获得了获取内容的工具后,内容本身将不再是问题。

现在,学校只热衷于教授擅长死记硬背的孩子,而没有充分重视采用其他非死记硬背方式学习的孩子。丽塔·D在天赋教养领域工作多年后再次得出结论:"大多数孩子能够掌握相同的内容,而掌握的方式因人而异。"大卫·E也提到:"这并不是说我们不应当抱有期望和树立标准,而是我们需要认识到,孩子们的学习方式和学习进度会有所不同。"邓恩进一步提出建议:"与其取消考试,不如让老师们根据学生的 D-TIME 天赋测评结果因材施教,并且为学生提供展示学习成果的机会,这似乎才是明智之举。

在现实世界中,我们既需要重技能也需要重内容,那么为何不能两者兼而有之呢?天赋教养模型并非简单地堆砌信息,帮助擅长"为考试而死记硬背"的孩子获得"A"或者"B",而是通过启发每个孩子的内在智慧,帮助所有的孩子学习。

作为家长,了解天赋教养模型,确保你的孩子无论是在校学习还是在现实生活中都能够成为求知若渴、自主独立、学有所成的学习者,这一点至关重要。

成功的信心

如第二章所讨论的那样,学习必须以由内向外的方式进行,而不是由外向内。除此之外,这意味着,我们需要鼓励孩子多去练习和实验,免去他们因犯错误会受到惩罚而产生的担忧。这也意味着,我们需要在他们学习的过程中提供帮助、指导和支持。

实践出真知

当人们能够从错误中获得经验教训而不是将其视为失败时,他们就能够学到更多知识。托马斯·爱迪生在发明灯泡时曾进行过 9999 次实验来测试灯丝材料,但都没有成功。第 10000 次实验时,爱迪生终于发明了灯泡。当被问及在经历了这么多失败之后如何能坚持下来时,他答道,自己从来没有觉得是失败,而是了解到只是许多材料不适合做灯丝而已,这让他离解决方案更近了一步。

在现实世界中,当我们对某些结果坚信不疑时,我们就会为自己创造机会。我们需要从错误中学习,并以此作为下一步行动的动力。如果学校教育要面向现实,那么就必须给孩子创造机会,不用担心考试失败,让他们从失败中学习,并给予再次考试的机会。

如果孩子们可以在毫无顾虑的情况下参加考试会怎样?当上体育、音乐和舞蹈课时,学生们会全身心投入到练习中,那么,学习上这样做又有何不可呢?例如每天的小测验和每周的考试能够引导学生们轻松练习和学习,复习未掌握的学习内容,找出不明白的地方或者仍然需要记忆的知识点。学会记忆实际上是一项非常有用的技能,成年之后也能够从中受益。如果我们根据孩子的 D-TIME 天赋测评的结果教授他们如何记忆,那么孩子不仅会学到内容,还会学到记忆方法。在这种情况下,记忆将不再是一种徒劳无功的练习,一种为获得分数而设定的短期目标,而会转化为一种有价值的、可以终身受用的技巧(参见第四章~第九章所讨论的技巧和材料)。

通过测试进行教学,而不是贴标签,能够帮助所有的孩子学到知识,同时能够帮助他们掌握学习方法。此外,这样做,每个孩子的天赋都受到重视和鼓励,每个孩子都能获得成功。一次次的成功将培养起孩子的自信心,这种自信心将渗透到现实生活中,为成年后的成功奠定基础。

职业辅导制度

像《积极思考的力量》(*The Power of Positive Thinking*)、《世界上最伟大的推销员》(*The Greatest Salesman in the World*)、《阿拉丁因素》(*The Aladdin Factor*)和《成功是可能的》(*It's Possible*)这样的书和磁带清楚地表明，自知、自信、决心和积极思考的策略是成功的基本要素。运动员似乎比我们其他人更了解这一原则。明星运动员，既是那些打破成功纪录的人，也是那些打破失败纪录的人，换言之，他们成为赢家的唯一原因是他们勇于接受失败！1984年残奥会滑雪银牌得主邦妮·D曾说过，能在摔倒后爬起来的都是胜者，而获得金牌的是那个爬起速度最快的人！迈克尔·乔丹在他的职业生涯中有9000多次投篮不中，输掉了近300场比赛。他失败了一次又一次而没有放弃，这就是他成功的原因。

是什么让人们有信心相信自身的潜能，并坚持下去？其中一个关键因素是他们的导师和教练在他们身边的支持。演讲大师莱斯·B之所以最终打破了"尚可接受教育的智障儿童"的标签枷锁，是因为在高中的时候，一个老师告诉他绝不应当让别人的看法去左右自己的人生。这是一个关于他是谁、他能做什么的全新认知的开始。

我们已经忘记了导师制在国家中的价值。在美国的一些高中和大学正在重新考虑学徒制及其相关理念，这些计划允许学生与社区企业互动以便学生探索职业生涯或在职业选择过程中开始现实生活体验。这种天赋教养模型鼓励父母寻找能够培养和发掘孩子天赋和兴趣的导师关系。

建立自信和自主学习的过程始于童年。当孩子的学习需求得到尊重，当家长和老师花时间帮助孩子了解自己，以及如何使学习效果达到最好，孩子会感觉到自我价值。当老师在安排课程和布置作业时考虑到孩子的学习风格和性格时，当孩子的天赋和兴趣得到鼓励时，他们会认识到自身的能力。当学生评估自我、设定目标以及跟踪成绩时，他们就会下决心并积极思考。当孩子们的学习军团中有人（见第十一章）为他们加油打气并成为教练促进其学有所成时，他们就会有如鱼得水的感觉。在了解自己的优势，并且学会如何克服自己的劣势时，他们会觉得自己有能力并且会取得成功，从而成为学有所成的终身学习者。

面向未来的教育

教育能深远地影响孩子的未来，值得我们重视，这一点大多数家长都会赞同。正因为我们在引导孩子为他们的未来做准备，我们需要不断质疑，在我们当前的教育体系中，哪些方面会对孩子的未来有益，哪些方面不会。这个过程将影响我们判断什么是有用的，而什么是没用的。

有时，孩子们学会了适应"游戏规则"，在学校里拿到好成绩，这可能是一种虚假或欺骗性的成功，并不能为孩子在现实生活中取得真正的成功做好准备。家长作为成功学习者的教练，要帮助孩子走上正轨，朝着自己的目标和抱负不断前进。

底线

读到这里，本书即将结束，你和孩子已经做好准备成为一名成功的学习者了吗？那么，底线是什么？当"学校世界"和现实生活发生冲突时，情况会怎样？请阅读鲍勃的故事，然后回答问题。

鲍勃的故事

鲍勃热爱科学，在探索和发明方面很有天赋，他的目标是成为一名物理学家。他掌握的科学知识远远超过其他同学。包括科学课在内的大部分课程，往往都要靠记忆知识点才能在考试中得高分，才能拿到"A"。即使鲍勃使用了最适合其天赋的方法，他仍然需要一晚上花数个小时来记忆大量内容。鲍勃有幸认识了一位物理学家，在他的指导下，鲍勃能够培养自己在自然科学方面的探索能力。鲍勃可以在每周的几天里，放学后跟着这位物理学家学习。那么鲍勃的父母是应该坚持让鲍勃把时间花在记忆功课从而获得高分上，还是应该让鲍勃与导师一起完成更加实际的学习内容，即便鲍勃的在校成绩最后马马虎虎，如果你是鲍勃的父母，你会怎么做？

这个问题很难回答，你和你的孩子在教育方面所面临的很多问题亦是如此。无论什么情况或问题，请用你学到的一切方法来帮助你和孩子一起做决定。请回想一下，是什么促使孩子成为求知若渴、自主的学习者。想想 CARES 模型。回顾有关性格、天赋、兴趣、学习风格和环境的信息。翻看一下计划表。思考帮助孩子作为一个热爱学习的自主学习者的 FITT 教练法则。重读本章"现实生活中的成功和教育"和"成功的信心"部分。然后回答以下问题：

- 何为成功的学习者？
- 我对自己的孩子有何期望？

21 世纪的天赋教养

在回答 21 世纪天赋教养重要性的问题时，丽塔·D 表示：

对于每个家庭成员来说，D-TIME 天赋测评显示的每个人的学习方式会有很大差异……在大多数家庭中，一个孩子会在传统的学校教育中表现出色，而另一个孩子则认为学习枯燥无味，而第三个孩子可能与前两个孩子截然不同……天赋测评显示出的学习方式影响着每个人。不管我们是否承认，每个人的学习方式都不尽相同，特定的资源、方法和老师适用于某些人，而对另一些人来说则完全不适用。

我鼓励家长们运用本书中的信息，通过加入孩子的学习战队，成为成功者的教练，帮助你的孩子成为学有所成的终身学习者。

结语：最后的一些想法

在《教育治疗师》（*The Educational Therapist*）的一篇文章中，一位教育家援引一位小学校长的话："经过 24 年的教学生涯，我可以告诉你，当家长第一天带孩子上幼儿园的时候，他们会说：'我的孩子很聪明'或者，'这孩子是个淘气鬼，请你们多费心了'。没有人会说：'我的孩子只是个普通人'。但是，白驹过隙，时光荏苒，当下的教育很快会让这些孩子成为一个普通人。"

我们希望本书为你提供了所需的知识和信心，从而引导你开始以不同的方式看待学习、教育和你的孩子。我们希望你对孩子的与生俱来的能力充满信心。我们希望你相信自己的孩子是真正的天才，希望你知道所有的孩子都是天才，不管他们有没有被贴上这样的标签。

致　谢

玛莉艾玛：

　　我的丈夫罗恩·W，没有他的爱和帮助，我可能无法完成这本书的写作。每当我遇到困难，想要放弃时，他总会以自己渊博的专业知识为我提供帮助。

　　我的父亲迈克尔·P，他一直对我谆谆教导，鼓励我做任何自己想做的事；我的母亲约瑟芬·P，正是她发现了三岁的我对学习如此渴望，于是开始教我读书和写字。

　　彼得·K，大约30年前我曾有过一段厌学期，彼得告诉我，如果我因此而退学是非常不理智的行为——感谢彼得让我回到正轨！因为彼得，我才喜欢上了自己今天所做的一切。

　　南希·C和裘德·L，感谢你们一直以来对我的信任，你们是我的灵感源泉；罗斯·M.H和瓦莱丽·K，感谢你们在背后的默默支持和鼓励；乔伊斯·G和李·G十年来一直帮助我从事资料校验、文字校对、图片扫描以及校对装订工作，并给予了我莫大的精神支持！

　　我的八年级老师、圣母学校修女会（SSND）的玛丽·N修女，她坚信只要找对天赋，每一个"资质平平"的孩子都会有自己的闪光时刻。她可能并不知道，正是她第一个教会了我——每一个人都可以通过自己独有的方式展现自己的"聪慧"。

　　感谢我的导师芭芭拉·R.B博士、恰克·B、查洛·S、邦尼·V和雪莉·C，他们以不同方式改变了我的生活。

　　还有我亲爱的莉娜姨妈（卡罗莱纳·S），今年80多岁的她，依然每天向世人展示着自己积极向上、独立自主、终身学习的形象!

感谢特蕾莎·A，虽然困难重重，但是依然每天在课堂上充满爱心地教导着孩子们，这本书中的内容早已深深地铭刻在她的心中，无比感激她的付出；迪伊（琳达）·G、莎伦·F、弗朗辛·B和其他不计其数的老师们，他们真挚地爱着每一位学生，并努力释放他们的潜能。

感谢放心将孩子托付给我们的父母及其家人，感谢孩子们教会我们许多课本上学不到的内容。

我们由衷感谢所有认可我们的工作并提供支持和帮助的人们。

维多利亚：

本书的问世，得益于许多人的支持和启发，其中包括：我的丈夫斯坦·H，他坚信书籍能够帮助人们在思想上产生强烈的碰撞，在写作过程中为我提供了很多意见和鼓励；我的儿子布莱恩·H，正是他的学习风格带领着我踏入了一片未知的教育领域，同时他乐于接受有挑战性的学习任务；我的母亲宝林·K，她一直鼓励我追求自己的兴趣，即便当时家境并不宽裕；我的姐姐凯西·L.L与金洁·D以及他们的家人，他们认真阅读了我的写作内容，并在过去30年来始终耐心倾听我的教育思想。

谨以此书献给我的父亲道格拉斯·K，我曾希望他能够成为这本书的第一位读者。他在学校的亲身经历深深地打动了我，是他给予我勇气和信念，使我成为一名儿童个性化学习需求的倡导者。

谨以此书献给我的老师多萝西·J.W，我在书中以她为原型描述了老师与孩子之间的关系——她认为我有着很好的学习能力，并始终坚信我能够不负期望。

感谢我的导师和朋友们——帕蒂·V.D，一位非常有才干的治疗师，她阅读了我在各个阶段的手稿，并基于自己与个人和家庭合作的经验向我提出建议，帮助我意识到天赋教养研究的重要性，并鼓励我编写本书；治疗师埃莉·P过去十多年来一直积极与我分享她对个人和家庭的宝贵经验；我的好友苏珊·H，一位杰出的教师和行政人员，25年来，她一直倡导公立学校关注儿童需求，并编写具有创新意义的方案和计划；我的亲密好友和老师索尼娅·N，给予我坚定的鼓励和支持。

附 录

附录1 D-TIME 天赋观察表（3~8 岁儿童的父母 / 教师观察版）

> 每个人身体里都藏着独一无二的天赋——默默地等待阳光、静静地等待花开。当孩子意识到他们天赋的独特性是被生命中重要的他人——父母、老师所尊重的，他们就更有可能将这种天赋发挥出来。请客观观察自己的孩子，认真填写以下问卷，期待这份问卷帮助你真正"看到"孩子——那个与生俱来的天才！

第一部分　性格

请仔细阅读以下五个列表的内容，勾选出您评估孩子最匹配的选项，能体现孩子大多数时间的日常状态，可多选。

表演型（表演型总共勾选数目：　　　个）

	活泼活跃
	不停切换活动
	喜欢成为注意力中心
	喜欢寻找开心的事情做
	在人群前像充满电一样
	喜欢愉悦他人、让别人开心
	喜欢游戏和竞赛
	为了好玩儿拆东西
	喜欢讲笑话、逗人开心
	喜欢冒险
	戏精上身

生产型（生产型总共勾选数目：　　　个）

	喜欢井井有条
	能长时间自己安静地玩耍
	喜欢帮助他人，总想把事情搞定
	喜欢按自己认为正确的方式做事
	面对群体，先观察再融入
	规则守护者
	喜欢涂色游戏和看书
	喜欢收拾东西

（续）

	喜欢稳定可预期的日程安排、适应常规
	小心仔细、目的明确、有时候有些爱指挥别人
发明型（发明型总共勾选数目：　　　个）	
	很专注
	喜欢实验的方式探究
	喜欢和爱创造、爱探索的人为伍
	喜欢问问题
	在群众面前有些害羞
	小小科学家
	喜欢收集、喜欢修修补补、敲敲打打
	拆东西是为了探索内部奥秘
	在从事项目活动时忘我地沉浸其中
	喜欢独处
	喜欢破坏别人的计划
	和其他孩子建立联系有些困难
关系/激励型（关系/激励型总共勾选数目：　　　个）	
	对他人的情绪敏感
	在群体活动中充满生机
	喜欢交朋友
	喜欢讲话、喜欢社交
	喜欢温暖的朋友
	处事像外交官/协调员
	喜欢合作项目
	喜欢参与分享类活动、喜欢分享物品
	喜欢大人读书给他/她，喜欢被拥抱
	很容易表达感情、也很容易受伤害
思考/创造型（思考/创造型总共勾选数目：　　　个）	
	喜欢沉思和反思
	喜欢观察别人玩儿/工作
	喜欢独处、喜欢安静的环境
	喜欢做白日梦
	融入群体慢热或者不愿完全融入，徘徊在人群边缘
	创造者/梦想家
	喜欢观察、想象、问问题
	喜欢参与艺术、手工、音乐和舞蹈类活动

（续）

	能在大自然中发现美
	经常被视作害羞和不合群

性格总结——勾选最多的前两项为： ＿＿＿型和＿＿＿型

第二部分　学习风格

选择描述您 / 您评估孩子的选项。只要描述精准，可多选。

视觉学习风格（视觉学习风格共勾选数目：＿＿＿个）	
	喜欢绘本图书、拼图游戏
	容易被颜色、形状、花纹吸引
	喜欢涂色、画画
	容易记住看见过的东西
	通过观察来学习
	喜欢保持干净整洁
	喜欢室内游戏，不喜欢到外面玩儿

听觉学习风格（听觉学习风格共勾选数目：＿＿＿个）	
	喜欢听音乐
	对声音和噪声敏感
	喜欢大人读故事给她 / 他
	听到的东西比较容易记住
	通过听来学习
	玩儿的时候自己和自己说话
	比起肢体运动，更喜欢说话

动 / 触觉学习风格（动 / 触觉学习风格共勾选数目：＿＿＿个）	
	喜欢跑、跳、爬
	什么都摸
	喜欢玩沙子
	做过的事情比较容易记住
	通过模仿动作学习
	不介意把自己搞脏
	比起屋里桌子前的活动，更喜欢户外活动

学习风格勾选最多的为：＿＿＿

第三部分　环境偏好

请注意是环境偏好，而不是你所处的实际环境状态。（请在选项后标注：喜欢 / 不喜欢 / 无所谓）

当作日常工作或玩儿时，他 / 她喜欢：

声音因素	安静

（续）

	噪声
	热闹
	伴有音乐
身体姿势因素	坐在书桌前
	站着
	坐在地毯上
	靠着或躺卧
与环境（与人与动物）互动因素	有其他人在身边
	身边需要有宠物
	独自一人
学习形式	需要与他人互动/独自一人
	小班教学、小组互动
光线因素	光线暗
	光线明亮
	有窗有自然光进来
温度因素	暖和
	凉爽

环境偏好总结：

第四部分　兴趣

孩子最喜欢的玩具和最喜欢的颜色：

坚持学习半年以上并表现出持续兴趣的课外课程有哪些：

第五部分　天赋（直接勾选描述接近孩子表现的天赋）

天赋是指做某些事情特别容易，浑然天成。不需要培训，在某个方面就超出常人水平。
无论是不是有意识开发某种天赋，这种天赋都有潜在影响（比如音乐天赋让人跳舞时更有节奏感）。

	语言逻辑：用文字思考，阅读，写作，玩文字游戏，喜欢讲话
	艺术/视觉空间：画画，设计，用图片化思考，玩拼图游戏，擅长辨认方向/知道东西放在什么地方
	音乐：弹奏乐器，唱歌，作曲，有节奏感，韵律感强
	数学—逻辑推理：做逻辑拼图，解决数学问题，玩棋类游戏，擅长和数字打交道
	机械推理：修理东西，拆东西，搭建，探究东西的工作原理
	与人沟通：交朋友，群体游戏或项目，领导团队或组织会议，处事公平

（续）

	运动协调：体育、跳舞、骑车、健身、用锤子和锯类的工具
	与动物沟通：保护动物，能让动物安静下来，训练宠物，为宠物整理毛发
	幽默感：爱笑，做搞笑的事情，讲笑话，让普通的事情变得有趣，善于模仿
	生存技能：做饭，装饰房间，园艺，整理服饰，穿衣搭配，清洁房间
	自我沟通：善于独处，照顾自己，看到自己的优势，为自己想要的目标制订计划
	与自然沟通：远足，野外探险，扎营，保护自然，观察野生动物

第六部分　内部生物钟

请填写孩子一天中的以下时段。

最活跃时段：

乐于合作时段：

高效时段：

疲惫困倦时段：

附录2　D-TIME 天赋观察表（9岁～成人版）

> 每个人身体里都藏着独一无二的天赋——默默地等待阳光、静静地等待花开。当人们意识到他们天赋的独特性是被尊重的，他们就更有可能将这种天赋发挥出来。请客观认真地填写以下问卷，期待这份问卷帮助你真正"看到"自己的天赋所在，活出真正的自己！

第一部分　性格特质

请仔细阅读以下五项描述，选择最符合自己的前两项描述。

请慎重考虑，选出的前两项为性格主型和亚型。

性格描述	
	1. 飞盘、跳绳、杂耍、沙包、游戏、运动、即兴发挥、寻找乐趣——表演型
	2. 大纲、五年计划、计划清单、组织者、准时、按计划搞定——生产型
	3. 乐高、灯光开关、实验室、计算机部件、外出实践活动、实验课、修修补补——发明型
	4. 朋友、感谢卡、彩票、团队项目、打电话、关怀、有同理心、公平——关系/激励型
	5. 清洁管道、画画、手工、音乐、白日梦、涂鸦、发明新东西、思考、问问题——思考/创造型

第二部分　学习风格

选择最适合您的选项，以下题目皆为单选。

1. 我更愿意

	A. 听故事

（续）

	B. 看电影
	C. 在外面玩儿
2. 我更愿意	
	A. 听音乐
	B. 读书
	C. 走路或跑步
3. 我更愿意	
	A. 听音频、广播节目
	B. 看电视
	C. 玩游戏
4. 我能记住东西最好的方式是通过	
	A. 一遍遍地自己念
	B. 在我脑中有画面感
	C. 实践操作一下就记住了
5. 当以下情况发生时，我能更好地理解指令	
	A. 有人解释给我听
	B. 我阅读指令或者看到图片指南
	C. 有人给我做演示教我怎么做
6. 当我思考时，我	
	A. 和我自己念叨
	B. 在我脑海中浮现画面
	C. 走来走去
7. 我通常	
	A. 记得人们说过的话
	B. 能注意到事物的外观，我喜欢带颜色和有设计感的东西
	C. 通常在玩儿我口袋里的硬币或者钥匙，或者桌子上的东西我要拿在手里把玩
8. 我是一个	
	A. 听觉学习者，不是视觉或动/触觉学习者
	B. 视觉学习者，不是听觉或动/触觉学习者
	C. 动/触觉学习者，不是视觉或听觉学习者

学习风格总结：A=听觉学习风格；B=视觉学习风格；C=动/触觉学习风格，选择选项数量最多的为学习风格主型。

第三部分　环境偏好

（续）

请选择自己偏好的学习或工作环境。请注意是环境偏好，而不是实际的环境状态。（请在选项后标注：喜欢/不喜欢/无所谓）

声音因素	噪声	
	吵闹	
	安静	
	有音乐	
身体姿势状态因素		
	站着	
	坐在书桌前	
	坐在地上	
	躺在沙发上或床上	
与环境（与人、与动物）互动因素		
	自己独自一人	
	和别人在一起	
	和宠物在一起	
光线因素		
	光线暗	
	光线明亮	
	有窗有自然光进来	
温度因素		
	暖和	
	凉爽	

请写出偏好的颜色：

一天中精力最旺盛的时间，请选择

	清晨	
	上午	
	中午	
	下午	
	傍晚	
	深夜	

第四部分　兴趣 1（如实记录结果）

请列出你最喜欢的活动，或最喜爱的学习的内容。10= 最喜欢的，1= 最不喜欢的，请依次排序。

10		

（续）

9	
8	
7	
6	
5	
4	
3	
2	
1	

第四部分　兴趣2（如实记录结果）

你内心中真正在乎的，请分别从以下维度填写：

1. 在你所在的城市，你最在乎：

2. 在你所在的世界，你最在乎：

3. 在你所在的学校，你最在乎（在校生填写）：

第五部分　天赋

天赋是指做某些事情特别容易，浑然天成。不需要培训，在某个方面超出常人水平。

无论是不是有意识开发某种天赋，这种天赋都有潜在影响（比如音乐天赋让人跳舞时更有节奏感）。

请继续回答，可多选：

	语言逻辑：用文字思考，阅读，写作，玩文字游戏，喜欢讲话
	艺术/视觉/空间：画画，设计，用图片化思考，玩拼图游戏，擅长辨认方向
	音乐：弹奏乐器，唱歌，作曲，有节奏感，韵律感强
	数学—逻辑推理：做逻辑拼图，解决数学问题，玩棋类游戏，擅长和数字打交道
	机械推理：修理东西，拆东西，搭建，探究东西的工作原理
	与他人沟通：交朋友，群体游戏或项目，领导团队或组织会议，处事公平
	运动协调：体育、跳舞、骑车、健身、用锤子和锯类的工具
	与动物沟通：保护动物，能让动物安静下来，训练宠物，为宠物整理毛发
	幽默感：爱笑，做搞笑的事情，讲笑话，让普通的事情变得有趣，善于模仿
	生存技能：做饭，装饰房间，园艺，整理服饰，穿衣搭配，清洁房间
	自我沟通：善于独处，照顾自己，看到自己的优势，为自己想要的目标制订计划
	与自然沟通：远足，野外探险，扎营，保护自然，观察野生动物
	提升生活品质：擅长做饭、装饰打理居室、整理衣橱、清洁整理空间

附录 3 职业预测表

天赋\性格	音乐	数学—逻辑推理	机械推理	语言逻辑	艺术/视觉/空间	运动协调能力	自我沟通	与他人沟通	与动物沟通	与自然沟通	幽默感	生存技能
表演型	音乐会的歌唱家；乐器演奏家	应用数学家	工程师；机械师	政治家；律师；演说家；销售员	飞行员；木匠；建筑工人	运动员；特技演员；舞蹈演员；体操运动员；滑冰者；滑雪/滑冰竞赛者	演员；演讲者	演员；执法机关；消防人员；销售；审判员；房地产	人道主义官员；动物权力官员；护主义者；驯马师；兽医；森林护护员	跳伞者；森林保护员；消防员；环保工作者；户外设备建造师	小丑；喜剧演员；滑稽戏作家	电视厨师；园丁；庭院设计者；建筑改建维修者；画家
生产型		理财顾问；金融律师；注册会计师；银行发行家；出纳员	模具制造者；机械师；维修人员；汽车/飞机技师	出版商；技术专利作者；公关人员；画片制作者；宣传推广者；文案作者	美术设计员；插图画家；发明家；动画片制作者；园林建筑师；景观设计师	建筑工人；木匠；裁缝；布景安装员	写作，出版自助书籍/文章	作家；出版商；写作；保险代理人		作家；出自然杂志编辑；作出版商；研究员；教师	开发笑料；戏法；魔术	家庭主妇；家庭主夫；家庭清洁工；园丁；发行商；房屋油漆工；厨师
发明型	乐器设计师；乐器修理师	工程师；化学家；物理学家；计算机程序员	开发小工具；故障修理工；科学家；工程师	开发代码；程序员；解码员	建筑师；室内软装设计师；布景设计师；电脑绘奇才；绘图员	运动员；运动/舞蹈鞋和衣服设计/设计休闲仪器设备		设计通信设备/系统	海洋学家；植物学家；生物学家；动物学家；户外用品设计者	户外用品；设计者；植物学家；生物学家；海洋学家	创作笑谱；戏法家；魔术家	创作小工具；厨师

（续）

天赋性格	音乐	数学—逻辑推理	机械推理	语言逻辑	艺术/视觉/空间	运动协调能力	自我沟通	与他人沟通	与动物沟通	与自然沟通	幽默感	生存技能
关系/激励型	音乐老师；指挥家	医生；律师；哲学家；教授；数学老师；科学老师	力学老师；工程师	牧师；律师；领导；社会活动家；记者	艺术老师；艺术治疗师；漫画家	教练；教师；服务员	牧师；教师	牧师；慈善家；人类学家；护士；治疗师；教师；医生；家庭律师；房地产	慈善向导；教活动家；环境保护局；动物园工作人员；训马师；兽医	自然向导；自然艺术教师	教师；小丑	烹饪教师；家庭预算经济师；室内装修；私人厨师；备办食物者；
思考/创造型	剧作者；作曲家；歌词作者	哲学家；数学家；科学家	工程师；科学家	理论家；语言学家；诗人；哲学家	工作室艺术家；编舞者；装饰者；建筑师；画家；飞行员	编舞者；舞蹈指导	作家；剧作者；牧师；编舞者		自然艺术家；作家；摄影师	摄影师；画家；飞行员	滑稽戏；贺卡创作者	室内设计师；厨师；室内软装设计师

附录 4　计划表

D 性格

主型		亚型	
主型特征描述：		亚型特征描述：	
主型学习方法和策略：		亚型学习方法和策略：	

T 天赋

主型		亚型	
主型基本策略：		亚型基本策略：	
主型学习方法和策略：		亚型学习方法和策略：	

I 兴趣

短期兴趣选择（孩子内心所爱）：	
长期坚持的兴趣（6个月以上）：	
是否有天赋支持：	

M 学习风格

主型		亚型	
主型基本策略：		亚型基本策略：	
主型学习方法和策略：		亚型学习方法和策略：	

E 环境

声音环境：		是否提供食物：	
光环境：		身体姿态：	
颜色偏好：		高效时间段：	
温度需求：		低效时间段：	
与环境（人、动物）互动：			
提升空间			
目标			

专家推荐

每个人都有自己独特的学习方式。这本书能够帮助你和孩子掌握自己的学习方式,进而促进、发展、释放、彰显你和孩子的全部潜力。

——《纽约时报》排名第一的畅销书
《心灵鸡汤》®的合著者马克·V.H

这是一本有关儿童教育的必读书籍,这一点毋庸置疑。这是我读过的、非常有可能改善儿童教育和家庭关系的一本书。

——《实用家庭教育》(Pratical Homeschooling Magazine)
杂志编辑、作者玛丽·P

仅5%左右的人认为自己有能力追逐梦想。童年时期是形成个人独特能力的最佳时期,应鼓励培养才华、兴趣。这本书能够让你的孩子变得与众不同。

——Entreport Corporation 主席、《财富始于家庭》
(Wealth Starts at Home)作者大卫·D

你能给孩子最好的礼物就是帮助他们认识到:自己并没有问题——他们本身就是一个独特的存在。通过这本书,玛莉艾玛和维多利亚告诉了家长和老师们应该如何做到这一点——指导并鼓励孩子养成不同的学习风格。孩子们值得我们为此而付出努力。

——教育学博士、《正面管教》作者简·N

作为父母，我们都清楚地知道，学校或者说某一位老师的教育方式并非适合每一位孩子。通常情况下，孩子（成年人也是如此！）会把这种不适合解读为自己本身的问题，使得问题变得更加严峻。这本书肯定了每个人都是独一无二的存在，认为每个人都应以自己的方式去学习和成长，并为那些误认为自己"格格不入"的学习者提供了非常有针对性的建议。这一点真的非常鼓舞人心！

——医学博士、家庭教育专家乔迪·M

与世界各地的父母和孩子（以及我们自己的孩子）接触的经历使我们相信，每个孩子的智力和情感天赋都不尽相同，学习和成长方式也各有特色。父母如果能够深刻读懂本书想要传达的理念，必将成为更加优秀的父母！

——《教导孩子正确的价值观》(*Teathing Your Children Values*)

作者理查德·E 和琳达·E

作为父母和一名专业人士，我从本书中吸收到了很多极为有用的信息。我找到了适合我的每个孩子的有效学习方式，并利用书中的理念为他们创造了最适宜的学习环境。这些方法大大减轻了我给孩子辅导家庭作业的压力，并促使孩子们在学校取得了优异的成绩。正因如此，我特别乐于在家长课堂上与其他父母分享这些信息。每个学龄儿童的父母都应该认真读一读这本著作！

——来自"正面管教"官网的黛博拉·C

我认为，在教育孩子这样一个重大任务面前，《天赋教养：因材施教的秘密》会让每位家长和老师感到如获至宝。

——婚姻、家庭和儿童问题治疗师、《如何培养优秀的父母》(*How to Raise Parents*)作者克莱顿·C.B

专家推荐
Praise

这本书绝对是家庭教育人士的必读书籍。相较于其他同类型的书，本书的探索更加深入，结合了数百个家庭的真实案例，给出了经过实践检验的真知灼见。这本书彻底改变了我的家庭生活！

——《连接家庭教育杂志》（ *The Link Homeschooling Magazine* ）

发行人迈克尔·L和玛丽·L

这本书是帮助学生实现有效学习的绝佳工具！根据孩子独特的学习方式进行教育，确保因材施教；如果这种方法能够贯彻始终，我们将不再需要进行补救性扫盲！

——美国加州州立图书馆扫盲工作组帕特里夏·F